［瑞士］维蕾娜·卡斯特一著

韩天雪　赵易安一译

学会放手

与孩子分离的心理课

Loslassen und
sich selber finden
Die Ablösung von den Kindern

东方出版中心有限公司

图书在版编目（CIP）数据

学会放手：与孩子分离的心理课 / （瑞士）维蕾娜·卡斯特著；
韩天雪，赵易安译. —上海：东方出版中心，2022.7

ISBN 978-7-5473-2021-1

Ⅰ.①学… Ⅱ.①维… ②韩… ③赵… Ⅲ.①家庭教育－
教育心理学 Ⅳ.①G780

中国版本图书馆CIP数据核字（2022）第124609号

Loslassen und sich selber finden. Die Ablösung von den Kindern
By Verena Kast
©2009 36th edition Verlag Herder GmbH, Freiburg im Breisgau
Simplified Chinese Translation copyright ©2022 by Orient
Publishing Center.
ALL RIGHTS RESERVED.

上海市版权局著作权合同登记：图字09-2022-0245号

学会放手：与孩子分离的心理课

著　者	［瑞士］维蕾娜·卡斯特
译　者	韩天雪　赵易安
责任编辑	陈哲泓　时方圆
装帧设计	陈绿竞

出版发行	东方出版中心有限公司
地　址	上海市仙霞路345号
邮政编码	200336
电　话	021-62417400
印刷者	上海万卷印刷股份有限公司

开　本	890mm×1240mm 1/32
印　张	4.5
字　数	51千字
版　次	2022年8月第1版
印　次	2022年8月第1次印刷
定　价	39.80元

目
录

前　言

如果更多地关注与孩子脱离的过程（Ablösung-sprozesse），并且有意识地告别，我们就能够更好地度过这一阶段。

尽管脱离过程本身充满痛苦，但其中仍有很多痛苦可以避免。基于这些观念和经历，我希望这本书能够让人们对这一特殊的哀悼过程有更多关注，更好地理解和度过这一阶段。

本书以普遍的脱离经历为基础——而我们所有人，都有从某一段关系中脱离的经历。

我很感谢本书案例中的女性，她们允许我描绘其脱离过程中颇具代表性的坎坷路途，并且也真诚、欣然地让我发表。

我也非常感谢我的女儿雷娜塔，她满怀爱和耐心，校完了我的终稿。

维蕾娜·卡斯特

圣加仑，1990 年秋

投入与放手

01

"脱离障碍只是女性障碍吗？"安妮玛丽·斯图西（Annemarie Stüssi）在题为《从幼儿园开始脱离》（*Ablösung beginnt im kindergarten*）[1] 的报刊文章中问道。"某种程度上是的，"她回答，"男性通常能够更坦然地面对这类情况，因为他们有职场生活，不用那么直接地面对空虚感。"

众人皆知，面对与孩子脱离的问题时，作为全职母亲的女性通常困难重重，毕竟她们失去了自己生活的主要内容。也有证据显示，相比那些并未将全部

---

[1] 《苏黎世周报》（*Züri-Woche*）1990 年 6 月 28 日；以下注释若无特别说明均为原注。

生活奉献给孩子的母亲，前者在与孩子脱离之时更容易抑郁。[1] 脱离是个问题。但难道这一问题真的只是因为女性没有工作、没有其他重要的生活内容吗？那么，那些生活被工作填满的女性呢？她们为何也在与孩子脱离时倍感痛苦呢？还有一些男性，一旦孩子离开家门，他们就忧虑万分，为了挽留孩子什么都做得出来，这些现象又该怎么解释呢？

脱离障碍不仅是女性问题，也是男性问题。但女性通常在与孩子的关系中全情投入，因而她们与孩子以及这段关系的脱离难免会演化为主要冲突，可能引发危机并带来重新定位的机会。

生而为人，我们必然要投入一段关系，也总要重新放手——后者非常困难。我们要学着在放开一段关系的时候，不仅仅体会到被劫掠的感觉，也要学着重新鼓起勇气，投入新的关系。即使我们知道，投入意味着终有一日也必然要放手，它会带来痛苦，也让我们不断地、迫切地寻找新定位。每一次，那些曾与我们紧密联系的人从生命中离开时，都会留下一片空

[1] 马斯托夫（Mastow）、纽伯里（Newberry）：《妇女的工作角色和抑郁症》（*Work Role and Depressing in Woman*），第538—548页。

白。人们可以很快地重新填满或者弥补空白，也可以保留它，追问自己是否仅能感受到空虚。走过人生的一个阶段，除了空虚，人们也许还有感激和喜悦，或者有时候还会感受到一丝愧疚？我们也可以问问自己，空间——自由空间——对我们的人生究竟意味着什么，而空白又会带来何种想象。

每段脱离过程都将我们抛回自我：我们孤身一人留在原地，被人抛弃，也许甚至感到孤独。疑惑油然而生：如果不再处于熟悉的关系之中，我们是谁？我们又能成为谁？新定位要求我们审视自我，而这一过程也将带来新的自我认知。

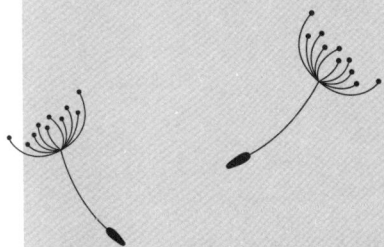

脱离过程

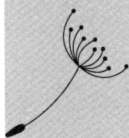

02

提及与孩子脱离的过程，人们就会习惯性地想到青春期[1]的孩子。他们从父母家搬到合租房或者独立公寓，父母的重要性下降，孩子也通常将注意力转向别人。青春期的脱离过程无疑是亲子间最深刻、最重要的脱离过程，孩子从中学会分离[2]，父母则学会放手。

但是脱离过程其实早已开始，它伴随着亲子关系

[1]　青春期（Adoleszenz）：青春期早期大约处于十四至十八岁之间，在这段时间，职业选择等是主要问题。青春期晚期（十八至二十一岁）青少年慢慢承担起成年人的角色，主要问题是独立以及与原生家庭分离。

[2]　［译注］在译文中统一将 Trennen 译为分离，将 Ablösen 译为脱离，以示区分。

的整个过程。总的来说，它在所有关系的发展过程中都有迹可循：投入关系—放手—重新投入—有时投入其他层面的关系，每一段人际关系都有这样的周期。

一位晚产的年轻母亲说道："也许我想的是把孩子留在腹中，不愿意放手。"她问自己，这是否意味着在之后的生活中也会觉得脱离的困难始终存在，意味着自己不愿放手让孩子独立。她主动提到，自己觉得放手终归是件难事，改变状况也同样棘手，她宁愿一切照旧，和信任的、熟悉的待在一起：死死抓住不放手是出于面对未知的恐惧，或是出于应对新情况的害怕，还是出于自信的缺失？

从孩子出生起，脱离就已经发生。但在孩子出生时，父母也必然全情投入与孩子的新关系中。虽然在出生时父母也能感受到分离之痛，但它并不那么突出，更多的还是对共同生活夹杂着或多或少的、忧心忡忡的期待。

从孩子迈出独立的第一步开始，脱离和放手就如影随形：每一次结束都带来新的开始。对孩子迈出第一步的自豪感，与轻微的哀愁悄悄勾连在一起，犹如"心中的一根小刺"——但同时也与解脱感挂钩。孩子脱离我们，变得愈发独立，这也是我们努力想看到的。虽然变得独立是孩子成长的正常发展，但我们的情感相当复杂、矛盾，传达的信息通常也是如此，至少在口头上是这样的：我们鼓励孩子们趋于自主，又对此进行阻拦。我们大书特书世界上的危险，表明我们将会提供安全；或者显露出孤寂带给我们的伤痛，甚至可能以此勒索孩子。"看着你远远走开，妈咪很伤心。"我最近听到一位母亲对她约十五个月大的孩子这样说。虽然这个孩子总是不安地与母亲保持目光交流，但仍散发着光芒，跟跟跄跄地走进这个世界。很明显，他正享受着这场迈向世界的散步。母亲的话不仅并未打动孩子，也显然成为他游戏的一部分。随后，母亲泰然自若地等待孩子重新回到身边，像经历了长久的分离一样，充满爱意地一把搂住他。

"看着你远远走开，妈咪很伤心。"比起我们描述的情况，这样的表达还可能产生更多问题，例如，孩子在成长过程中总是感觉自己不被允许脱离，不能随着年龄的增加正常成长，无法用双手去触摸世界。随着时间流逝，父母的这种强烈愿望逐渐在孩子心中内化。这就导致孩子无法脱离，无法转向他人和整个世界，生活中受到的阻拦越来越多；这样的孩子依赖父母的时间太长，无法独立自强。他们想要走向世界和人群，却不被允许。打个比方来说，他们仿佛停留在世界和人群的边缘，无法前进，也无法真正后退。他们的征服欲已经退化，他们害怕了。[1]

如果父母不对孩子放手，那么孩子也就很难自己脱离。对此，父母与孩子的反应完全不同：有的孩子会刺激父母的控制欲，而有些孩子，即使是最黏人的父母也不想把他们留在身边，因为这样做就会适得其反。教育不是父母的简单灌输，而孩子也并非只是享受或必须享受：每对亲子关系都是独特的，好似一组和声，时而有不和之音，就像在任何关系中那样，二者彼此激发或相互阻碍。

脱离过程伴随着整个童年。我们可以通过辨别脱离过程中的里程碑，来明确与孩子关系发生质变的节点。以下这些特定情况就是这样的里程碑：孩子第一次加入游戏团体，并不再回头看送他来的父母；孩子去上幼儿园并宣布要娶的人是幼儿园阿姨，而不再是妈妈。入学、转学等都是脱离过程中的明显

---

[1]　参见布兰克（Blank）：《应用自我心理学》（*Angewandte Ich-Psychologie*），第 56 页及以下几页。

节点。其中的许多情况都表明，对于孩子而言，我们不再像以前那样不可或缺，他们对我们的需求可能以别的形式出现。这象征着失去，但也象征着获得：孩子变得积极主动，越来越能够自己掌控生活，而父母也不再受到束缚，重新拥有面对其他事情的自由。

脱离阶段有一定的规律：孩子冒失地闯入世界，为自己的独立感到骄傲，有时却也高估了自己，承担了过多，因而在受到刺激或惊吓后便又退缩了——我们称这种退缩回家的状态为"分离后的重新亲近"[1]。在这一阶段，原本锐意进取的孩子又变得怯懦爱哭，他们攥住父母的衣角，仿佛又变得弱小无助。如果在重新亲近阶段父母又充满爱意地接纳他们，对于这种倒退也没有任何贬义的评价，那么很快，所谓的重新亲近危机就会出现：因害怕形成的联系过于紧密，没有为潜在的自主性留下空间。孩子牢骚不断，攻击性十足，又将再次变得更独立。比起第一次离开，他们会调整独立的程度，让自己更容易承受。由此，新的

---

[1] 参见马勒（Mahler）:《个性形成过程的共生》(*Symbiose und Individuation*)。

距离和新的自主协调一致，直到新的发展阶段再次驱动新的"分离推力"。

人们生活中的分离都以这种节奏推进，即使成年后也是如此，而自主性的不断发展也必定伴随着我们与共同生活者关系的不断增进。[1]

脱离阶段是告别阶段

如果提前注意到并且承受脱离阶段，就能够帮助我们熬过青春期的脱离。很多成年人和孩子之间产生问题，都是因为他们无法与已经结束的阶段真正告别。

一位父亲对十五岁的儿子说："你在十岁、十一岁的时候总是专心致志地听我说话，把我看得很重，那段日子多么美妙啊。你为什么就不能一直那样呢？为什么非要长大进入别扭的青春期呢？"倘若父亲能够放弃这种观念，不再认为和儿子的关系必须维持在十岁、十一岁那样，一成不变，那么在青春期，二者的相处可能仍旧别扭，但恐怕会好得多。

---

[1] 卡斯特：《通往自主性之路》(*Wege zur Autonomie*)。

必须学会告别。帮助我们告别并且从失去中走出的情绪叫作哀痛[1]。丢失有重要意义的人或物时，我们就经历了失去，感到悲伤。哀痛是表达失去的情绪，但在我们沉湎于由其加深的复杂情绪时，它也帮助我们面对这种失去。接下来，我将进一步描述普遍的哀悼过程，描述在爱人逝世这种极端的失去经历中，人们是如何哀悼的。第二步，我将解释哀悼过程如何在稍做修改后，被应用到脱离活动中，以及在我们必须对长大的孩子放手、让他们进入自己的生活时，这种活动为何至关重要。

---

[1]　　［译注］此处的"哀痛"与上文的"哀悼"在德语中是同一个词（Trauer），既表示情绪，也表示活动，在本书中依语境不同灵活处理。

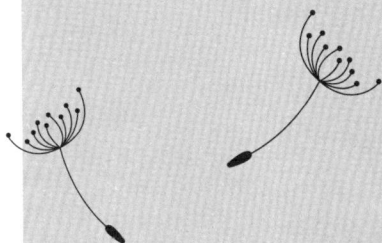

哀悼过程

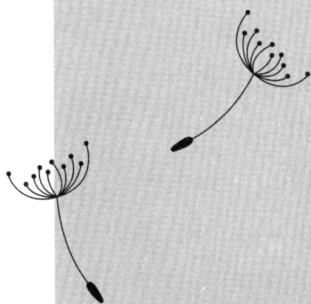

03

在失去对人生有特殊价值的人或珍宝时，悲伤会席卷而来。伴随着哀痛，忧虑、恐惧、愤怒、愧疚等其他情感也将一并加剧。

在经历并承受这些情感时，我们进入了哀悼过程。在这个发展的过程中，我们逐渐地——也是非常痛苦地——学会接受失去，重新进入没有他们的新生活。

失去时必然要从一段关系中抽离出来，而哀悼过程和哀悼活动都与这段关系密不可分。如果我们和某人有很强的羁绊，就会与其一同成长，生长为一。这就是为何哀悼者会说，他们感到自己被撕成两半，好像能触摸到流血的伤口，仿佛被连根拔起。死亡打断了共同成长、彼此长合的过程，改变了整个人生：在哀悼过程中，我们不得不重新思索作为孤立个体的自己，以崭新的身份重新寻找与世界的纽带，也不得不从关系中自我回溯，重新组织起独立的自我。这种"失去"在整个人生中绵延，尤其是非常亲近的人离开的时候。

因此，哀悼过程非常痛苦，但它也具有奇特的生命力。强迫自己接受自我，接受已经断绝的关系，这将花费大量精力和时间。

不同的阶段

通过观察哀悼者，以及那些经常伴随着哀悼过程的梦境，我总结出了哀悼过程的典型程序。[1]

我把哀悼过程的第一阶段称为不愿承认阶段。人们还停留在震惊之中，拒绝相信斯人已逝。他们试着说服自己，一切只是一个将会醒来的噩梦，借此来暂时逃离丧失感。

第一阶段可能持续几小时或数日，并通向"混乱

---

[1]　卡斯特：《哀悼》(*Trauern*)。

的情绪迸发"的第二阶段，这通常发生在我们看到遗体、无法回避失去的时候。我认为这一刻的情绪是混乱的，因为人们要经历相互矛盾的多种激烈情感：哀痛、焦虑、愤怒、自责、思念、爱恋等。也会有相对平和的时候：充满感激或是满心喜悦。

在这一阶段，哀悼者经常出现睡眠障碍或食欲不振问题，同时抵抗力也会下降。深入骨髓的失去感裹挟着哀悼者，他们感到自己注定要与世界和他人分离。

哀悼者很难被身边人接受，因为他们让人意识到，失去之苦无人可免。此外，哀悼者通常很难感受到安慰。所以周围人很快会命令或劝说他们，让他们当下做些什么，以便日子好过些。

对于忍受哀悼之苦的人来说，这是一个孤独的过程。他们也让周围的人感到为难：哀悼者不接近旁人，通常与外界失去关联，同时也苛求过多，因为实际上，他们想让逝者起死回生。哀悼过程中，哀悼者明确地区分生活中存在的基本事物与次要事物，并将后者抛于脑后。对哀悼者与安慰者双方来说，他们的关系就更复杂了。陪伴哀悼者最好的方式是接纳其感受，倾听他讲述的故事，或是自己讲述如何度过失去他人的日子。随着时间流逝，我们能做的只有接纳而非改变他们的感受。但这也意味着，我们必须忍受和接收哀悼者的哀痛、焦虑、愤怒和绝望，而不是为了自己能更好受些，立刻"安慰"他们，想着马上去改变这些情感。

在"混乱的情绪迸发阶段"，人通常会产生对世界、对生命，有时也是对已故之人或上帝的愤怒。这一阶段通往寻觅、找到和自我分离阶段，它的特征是在回忆、梦境以及与他人的对话等情境中寻觅逝者。哀悼者在凝神于逝者时，就进入了这一阶段。人们可能会说"我满脑子都是逝去的那个人"，实际也确实如此。

只有留在世上的生者才不得不承受哀痛，他们对自我、对世界不知所措。他们向来希求安稳，但生命中却出现了翻天覆地的变化。然而为了适应新的境况，哀悼者又不得不关注自身，哪怕他们不断惦念已故之人，也总是想起自己，想起与逝者过往的关系。

对逝者的思念就是唤醒意识中曾与他共度的经历。只要和我们有关系的人还活着，这段关系就没有结束，也绝不可能以这种形式在回忆中感伤地出现。然而倘若斯人已逝，那么这段关系便随之被确定，成为定局，再也无法改变。我们意识到，那些重要之物至少在世上不复存在了。

在回忆活动中，讲述与已故之人共同生活的故事有着重要意义，这不仅关乎重构共同的外在和内心生活，还关系到收回心理投射[1]的问题。在讲述过程中，哀悼者还会探究逝者在过去如何构建了自身性格，无论自己对这些影响是爱是憎。

收回投射则意味着，人们突然认识到，实际上这些性格特征归属于自己，于是他们也必须撤回移置。例如，在世界上获得名望，或是填报税单，那些本应寄托或借由已故之人实现的愿望都要被收回，重新成为自己的责任。

从本质上来说，重要的还有找出逝者在我们身上激活的性格特征。每一个与我们建立关系之人都能够对我们身上的某些方面产生影响，它们只能被这个人唤醒和激活。在爱情关系中，伴侣通常能够使我们深藏的一面"被爱激发而出"，重新焕发生机。在失去

---

[1]　［译注］投射（Projektionen）：在精神分析学中，投射指自我把不能接受的或不好的欲望、冲动和意念归咎于别人的行为。详见车文博：《西方心理学史》，杭州：浙江教育出版社，1998 年，第 469 页。

一段关系时，无论好坏，我们都不必放弃他人在我们身上激活的那些特征。逝者也借此得以在我们的内心和生活中延续。[1]

在这一阶段，我们以多种方式寻觅和找到逝者，其中也包括梦境。哀悼者由此体验到逝者仍存的另一种形式。

克利夫·史戴普·路易斯（Clive Staples Lewis）认为，我们不能也不该跳过的现实是：斯人已逝[2]，但他仍然显著地影响着我们的生活。

我们应尽量让回忆的情感充沛丰满，获得格外清晰的故人图像，由此与逝者建立新的关系：他不再属于具体的日常世界，我们也只能在非常有限的范围内与他分享日常生活。

在这一阶段，哀悼者常常开始理想化已故之人，似乎与他们建立了和谐的关系。但这种和谐很难长久维持；日常生活中，逝者缺席带来的痛苦依旧如故，再加上对性和温情的需要，这一切都让我们想起故去之人。正是在这样的瞬间，丧失的经历占据了压倒性

---

[1]　卡斯特：《夫妻》（*Paare*）。

[2]　路易斯：《关于悲伤》（*Über die Trauer*）。

地位，混乱的情绪迸发再次淹没了哀悼者：人们不得不一次又一次地忍受这些不断重复的阶段，每当失去感占上风，哀悼者便又重新经历此阶段。时间的推移也证实，螺旋象征在哀悼的心理过程中仍然有效：人们知道绝望和丧失的阶段终将结束，相对幸福的阶段也会再次出现。

正是因为与具体经历相关的失去感不断被激活，人们与逝者的内在关系，以及逝者在人们内心的形象才得以改变。

已故之人并不会因此消失，而是相反以一种非常"不可回避的方式"，成为哀悼者生活的一部分。但哀悼者却转回自己的生活，也可能要重新投身于新的关系。

人们在此刻接受了失去，能够且必须舍弃逝者带来的痛苦。但痛苦偶尔也会代替逝者：一些哀悼者认为，舍弃痛苦，就是遗忘逝者。但痛苦必须舍弃，与逝者的关系却不必，通过将其释放到更多变化中，我们使自身在其中获得解放。

这样，虽然经历了失去，我们却意识到可以重新"完全"只为自我存在，能够享受新出现的快乐和兴趣，而不必再维持痛苦，舍弃快乐。与逝者生活过的回忆是新生活的一部分，虽然它会不断出现，但不再主导整个生活。人们满怀感激地面对与故人一同走过的路程，感激被逝者唤醒的性格特征；有时人们也留有遗憾，感到自己在这段关系中做得太少，感到自己将太多东西推到了不复存在的未来。

这些关系对于遭受失去的人而言弥足珍贵。经历丧事后，哀悼者重新投入一段关系时内心会很挣扎：一方面，他们想要完全投入到另一个人身上，因为他们知道，每段关系都有终点；另一方面，因为了解其中的代价：丧失感和哀悼时间，他们又对完全投入始终心怀顾虑。

经历哀悼过程可以带来更多安全感，巩固自信和自我价值。我们还要注意，如果没有受到干扰，每个人都会自动进入哀悼过程。

哀痛和抑郁的区别

哀悼反应和面对失去时的抑郁反应是不同的。在精神动力学层面，哀悼过程和抑郁症的症状相似，例如，行动障碍和内驱力障碍[1]；身心医学层面上的症状也趋同：二者都会带来睡眠障碍、进食障碍、性障碍，也会导致眩晕、胸闷、喉咙结节，以及弥漫的不明疼痛。然而，二者在精神和心理社会层面上有所不同：抑郁中体验到的"空虚"更多地与情感作用的丧失或抗拒[2]相关，尤其关系到对确实有可能存在的攻击性的抗拒。而哀悼者的空虚或者冷漠，只在哀悼的第一阶段短暂出现。紧接着，情感混乱就出现了，哀悼者由此活跃起来，而且在此过程中也会表达攻击性情感。抑郁者的思想始终围绕着空虚，人们为担忧而担忧，自怨自艾、贬低自我或贬低世界；哀悼过程中，人的思想则围绕着失去之人，以及作为被抛弃之

---

[1] ［译注］荣格指出，内驱力是个体在环境和自我交流中产生的、具有驱动效应的、给个体以积极暗示的生物信号。此处的"行动障碍"和"内驱力障碍"指抑郁症导致的动作和行为的锐减，及生殖本能和精神表现本能的受阻。详见卡尔·古斯塔夫·荣格（Carl Gustav Jung）：《精神疾病的心理机制》（*The Psychogenesis of Mental Disease*），普林斯顿，1982年，第65—66页。

[2] ［译注］荣格指出，情感作用在精神病症中往往受到干扰，具体表现为情感价值分布不合理或缺失。详见卡尔·古斯塔夫·荣格：《精神疾病的心理机制》，普林斯顿，1982年，第333页。

人的自己。所以他们也不会像抑郁症患者一样，感觉到自己被世界排斥在外、一无所用。哀悼者的撤退是撤向自我反思，他们也将再次从中走出来，重新转向世界。二者的核心问题也截然不同：抑郁反应的核心问题在于锐减的自尊心、对世界的贬低以及寻求替罪羊的行为；与之相对，哀痛反应的核心问题则是迄今为止的自我认知发生了动摇，要寻找新的自我认知。

哀痛情绪如果被抑制了——主要是因为混乱的情感迸发——那么也可能产生抑郁。由此，那些会触痛、伤害我们，让我们对熟悉的自我形象产生负面联系的情感，诸如强烈的攻击性和恐惧，都将首先遭到拒绝和排斥。这种排斥降低了积极性、活力以及真挚的情感，也削弱了自尊。撤退循环由此出现，而在这种情况下，人根本无法面对失去或与之相关的伤害。未被允许表达出的攻击性冲向内部自我，又催生出更多恐惧，甚至可能导致自毁的冲动。恐惧和自毁冲动必将再次被排斥，如此往复，人在撤退循环中越陷越深。

如上所述，如果对哀悼过程的第二阶段及迸发的混乱情感避而不谈，被压抑的悲伤就将进一步导致抑郁。这种排斥与下述情况不无关系：因为人们不愿意给身边的人增加过多负担，自然也还因为在我们的文化 [1] 里，体现"阳刚之气"的自我克制被视为美德，即使对我们的健康而言，释放、表达这些感情也许相当重要。在当今世界，释放情感毕竟需要更多勇气。

再进一步而言，如果失去的那个人维系着某人的自我价值，也就是说，他的自我价值不是从自己出发，不是从自然的自我价值感发展而来，而是几乎仅依附于关系中的另一方，那么抑郁就会成为他面对失去的反应。那些自我价值几乎完全来自他人重视的人，通常拥有抑郁型的人格结构。这并不意味着他们患有抑郁症，而是相比于其他结构而言，在面对失去或者重大伤害时，这些人更可能产生抑郁反应。终其一生，他们都在学习如何迎合身边人的愿望，太过看重这种迎合，甚至放弃自己的愿望和人生规划。他们无意识地期待着：只要做了别人要求的事情，就能赢得喜爱。现实则是：他们为了讨得欢心，配合着做了所有事、随叫随到、被他人为自己的目标所利用甚至榨取，然而人们最多重视他们，并不会因此喜爱他们。喜爱的情感需要更深的基础。对于不经意维持抑

---

[1]　　［译注］此处作者指自己国家的文化，即瑞士的文化特点。

郁型人格结构的人而言，这个世界在不断要求和索取：不得不满足和实现的各种要求和苛求裹挟着他们。一旦他们察觉到，即使做了所有力所能及，甚至超出能力范围的事，仍然得不到喜爱，那么他们甚至会对身边人产生愤怒。然而他们又不允许自己发怒，因为害怕丢失自认为得到的、那只有一点点的喜爱。所以，这种怒火就会朝向自己，他们对自己说："要是再牺牲一点，说不定就能得到更多喜爱。"与这种罪责感及相关的自我攻击连带产生的，是巨大的自我贬低以及对于身边人隐含的贬低。他们真正的错误在于，对自我存在的渴望并不从自身出发，而是将这一问题的责任丢给他人。即使他们显得完全"无私"，也常说自己的行为是无私的，称其格言就是"舍己为人"，一方面的确是这样，但另一方面，生活其实根本经受不了这么多的无私奉献。无私的反面往往显示出明显的要求姿态，比如，理所当然地要求别人终其一生待在自己身边，以此维持自我价值；或者为了保证自己的生活质量，不由分说地要求别人做特定的事。

如果过于无私，就会失去"自我"。在哀悼过程中，人们从关系中的自我走出，开始反思独立的自我，确立新的身份认同。然而，这些人却无法返回并关联到独立自我，由此便陷入抑郁。走出抑郁反应的契机则在于，通过治疗找到自我和自主性，建立与内心深处的关联。

在我看来，社会化过程强化了女性的抑郁型人格结构：她们学习着（或学会了？）如何在别人的——当然尤其是男性的——镜像下讨得欢心，而不怎么用自己的眼光，或者在冷静、批判的自我接纳中发现自己值得被爱。女性太过依附于周遭世界的反应，被教导着要能读出别人眼中的愿望，以此来赢得尊重。我们没有注意到，有些女性形象好像天生就遭人唾弃，也很少质疑这些形象和观念对关系的影响。如果女性的自我价值来自外部，而不是基于对自身的思考，不是从生命力、积极和创造的力量、爱欲之力等得来的，那么她们就更容易被控制；由此，女性被动地做出反应，而不是积极塑造并且共同决定关系和生活。

有时候，抑郁型的人格结构几乎被当作"女性气质"，在家庭共同的日常生活中，这种气质表面上似乎非常实用，即使它对拥有这种气质并以此生活的人来说极其不健康。所以，面临与正在成长的孩子的脱离，特别是面对相关的伤害，女性更常出现抑郁反应，这并不奇怪。

脱离中的哀悼——
一段人生的完结

04

哀悼是正当的，我们借助现存的自我重新将自身组织起来。从这两个前提出发，我将在这一部分解释在脱离过程中，我们对哀悼过程做出的最重要的调整。

　　不同于生离死别带来的普遍哀痛，人们在脱离时更长地停留在"不愿承认阶段"：他们自欺欺人，假装没有太多改变。他们会说："她虽然现在离开了，但始终还是与我们在一起的，其实什么都没变。"这就证明了在家庭的动态发展中，人们不愿承受并排斥任何变化，无论这些变化是剧烈还是轻微。

　　如果哀悼过程是由脱离引发的，混乱的情绪进发阶段会比其他情况稍微和缓一些。这可能只是假象：父母对于孩子的某些朋友常常怨念十足，认为他们"带坏"了自家孩子：这些朋友撺掇他们搬出去住，或者只是单纯与他们交好——照父母的话来说就是"没安好心"，让他们无论如何都要疏远父母。很多翁婿、婆媳等关系中出现的问题，都要归于此类愤怒和痛苦的投射：父母无法承受怒火，觉得自己百般照顾孩子，孩子却这么一走了之，还把别人认定为生活中更重要的人。新的关系对象使他们的怒火变得合情合理，并且得到宣泄。父母对孩子的情感也由此显得极其混乱复杂：他们怒气冲天，不想知道孩子的任何消息，却又感觉自己依旧如往常一样深爱着他们，一旦孩子们重新出现，父母还是会欢呼雀跃。不过，这种感情很少被谈及，人们也要求处于脱离阶段的父母要压抑自己，不要讲出自己的感情。有时候，即使是亲密同居的父母双方都不会对彼此谈起这些，对这一问题讳莫如深。或者还有一种情况是，人们谈论这种悲伤之情时，将其局限于一种已知的模式：一方表达自己的感情，甚至可能非常热切激烈，另一方则试图安抚，证明这种事习以为常，不该无缘无故反应得这么"夸张"。孩子离开父母是再正常不过的事，但即使正常，也并不意味着它不会带来悲痛，不意味着我们就不能、不应表达出自己的哀伤。在脱离带来的哀悼过程中，负罪感也发挥着重要作用。这里不仅指青少年对父母的负罪感，因为他们在离开父母的时候，确实会感到内疚。为了抗拒这种负罪感，他们便将其投射到父母身上。父母成了替罪羊，他们也正是如此表现的。另一种负罪感，则是人们闭口不谈的父母的负罪感：这也是一种隐秘的共识，人在一生中总会对自己的孩子心怀些许愧疚，毕竟人终究只是人罢了。如果能够为这种负罪感找到具体对应的过失，并且承认和接受它，就能带来很大帮助。否则，父母很容易在负罪感的驱使下，更加猛烈却也更加徒劳地去尝试"补偿"孩子，往往还是在错误的时机和地点。另一种可能是，父母为了摆脱负罪感，从自己的角度重新寻找替罪羊。又或者有时我们几乎纵容自己沉溺在某种负罪感里，以便不必去直视我们真正感到内疚之处，避免回顾这种不断加深的内疚感。[1]

哀悼的第三个阶段中，很多父母频频思念孩子，

---

[1]　　卡斯特：《象征的动力》（ *Die Dynamik der Symbole* ），第198—203页。

满怀忧虑，仿佛这样的思念能让自己回忆起过去，给彼此共同解决问题的机会。当然，在这种情况下，是有可能实现的。哀悼逝者时，人们只能看见彼此过去关系中的问题，并在新的关系中加以重视，或至多完全避免，但以往的问题无法改变。亲子关系则并非如此，但人们仍常常兀自被忧虑折磨，而这种以自我为中心的忧虑似乎什么也改变不了。它是对青少年可能独立生活的一种掩饰性的疑虑，常常会带来毁灭性的打击，所以自然而然会被年轻人抵触。我们要在真正的放任以及友善的关切之间找到一条道路：放任要以对年轻人能力和潜力的信赖为基础，而关切则不应显得很突兀，却也要足够清晰，体现出父母仍然在身边，并非对孩子的未来生活毫不关心。

这一阶段也会出现理想化的情况：人们掩饰因失去而抱有的恼怒感以及负罪感，以此来欺骗自己，认定自己培养出了举世无双的理想孩子。很多时候，孩子的伴侣也连带着被贬低。适度的理想化是为人父母之常情，然而极端的理想化却会让孩子感到，父母其实并未真正了解他们，如此，脱离过程很容易陷入僵局。

回忆活动并不经常发生：我们偶尔才会想到，多年来，与孩子的共同经历和生活在我们身上唤醒了一些东西。即使如今孩子已长大，不再与我们生活在一起，这部分也并不会消失，而是在内心长存。倘若我们能够早早意识到，自己终有一日要回忆过往，或许就能更好地准备和开展这种活动。这样，在面对孩子的时候，即使是在相对缓和的阶段，我们也能够逐渐体会出内心苏醒的东西，这种活动就像是一种共同参与的仪式：人们不时地聚在一起，思考彼此有什么地方激发了对方，或好或坏。在未来，孩子将不再持续陪伴我们，也将不再激发我们的变化，因此这种活动就像是着眼未来，为真正的告别而做的预备练习。

每个孩子都会带来完全独特的刺激，有好的也有坏的方面。这些方面相当宝贵，仅仅存在于这段关系之中，也只会被这个特定的孩子激活。此外，在生命的不同阶段，孩子激发出的部分也各不相同。对比而言，儿童一般会唤醒我们的童真和为人父母的能力。婴儿则唤醒大多数人的柔情、保护欲以及庇护本能，也有一部分人由此产生想要和小生命融而为一的情感，一种共生的、无限的、不可动摇的亲密感，这些情感都与强烈的信任相连。

这些小生命给予我们无限信赖，而随着孩子独立，我们与之产生的融合感也会逐渐消失。但记忆中的情感并未离散，我们仍能回忆起它们。

与孩子的共同生活不断激发着我们其他方面的童真：举个例子，谁会到了三十五岁还坐在沙堆旁边兴致勃勃地玩耍呢？小孩子能够满足我们内心孩子气的一面。在沙堆旁玩得最尽兴的恰恰不一定是小孩子，父母也常常乐在其中，更不用说之后的小汽车、铁路、玩偶小人。

拥有各种各样兴趣的学龄儿童，让我们又经历了一次基础教育，并在这个过程中学到了新的东西。他们也为家庭带来了新的模式。关于这点，父母经常嫉妒与孩子建立关系的新对象：这不仅意味着孩子不再单纯地依赖父母，也证实了孩子具有爱的能力，也能爱别人。所有人都希望拥有这样的孩子，但我们的嫉妒该怎么办？我们难道不能放手吗？

直到孩子大约十二岁为止，大部分父母身上都享有被孩子唤醒的方面：这是一个机会，他们得以补回自己在孩童时期那些失之交臂的东西。父母内在的童心由此被激活，它毕竟是创造性、灵活性、投入性和向新方向发展的基础。通过向父母发起挑战，孩子为家庭生活带来推动力。但青春期的孩子也激发了父母的青春期。虽然现在这些刺激突然间不再明显地被感知到，但它们一定就在那里：想想看，十几岁的孩子经常带回来我们不懂的音乐，让人疑惑不解；他们怀揣的世界观是我们最不信任的；生活中极其吸引他们的，恰恰是我们极力避免的……

最大的脱离发生在青春期，因为青少年的生活处于父母规定的家庭体系压抑的那部分，与家庭中刻意宣扬的价值观相脱节。因此孩子可能与父母划清界限，但界限并不像父母所害怕的和孩子所希望的那么分明。孩子在这一阶段激发的正是父母一生都在抗拒的：这恰恰是一个帮助父母进一步了解自己的绝妙机会，他们由此意识到自己曾经历的和所抗拒的，同时思考某个确信的想法是否太过狭隘，思考某个谎言是否能被放弃，思考自己是否借着理想的名义拒绝太多，因此羡慕他人，尤其羡慕自己的孩子。

在这一阶段，父母要具有自我认识和坦诚的态度，才能带有些许感激之情，去接受青少年在我们身上激发的，以及他们最终给家庭体系带来的动荡。但父母往往无法意识到这一点，而是心怀嫉妒并与之斗争。他们当然不愿承认自己的嫉妒之情：嫉妒孩子比自己更冒险，嫉妒他们年轻的外貌，嫉妒他们处于这个可能更有利于建立关系的时代，在关系中拥有更大的可能性。此外，他们暗中嫉妒已久的是，孩子敢于排除以理想之名带来的干扰，去做能带来乐趣的事；而如今他们却不再确定，自己的理想能否结出硕果。这种情绪自然不会被光明正大地讲出来，因此他们贬低、批评被嫉妒的对象。

在脱离过程中起作用的不仅仅是父母带来的阴影，以父亲情结或母亲情结为基础的原型[1]形象也从此被激活。孩子对宗教越来越多的关注，对不同信

---

[1]　　原型（Archetypus）：在心理和生理范畴中，原型一方面是结构性的，另一方面也具有动态性，即在某种特定的人格类型中，心理和生理状态也在不断发生变化，在特定情况下，人们会有共通的形象、情绪、动力。本身不可直观的、超越意识的原型为我们带来相似的形象、相似的本能及生理反应。每个人都只有一个母亲、一个父亲，并且当父母不在的时候，始终寻找着他们的形象。每个人也都可以发展出母性和父性的特征。然而，这种原型设想仍然是以我们的个人情结、以我们与父母的经历为中介展现出来的。这也解释了为何在一些原型场景下，仍然有很多个人性与类型性的因素交织在其中。

仰越来越广泛的兴趣证实了这一点。除了宗教信仰外，政治则是另一种主要兴趣。这些取向都表明，孩子感受到自己是社会的一分子。这些关注点为正在成长并走出家庭的孩子提供支持，它们在一定程度上从另一个层面取代了父母的角色。如同在父母"阴影"下的生活，这里也蕴含着均衡："神"的形象、政治理念、哲学理念等不仅仅是父母传授的观点，它们还从反方向补充了父母灌输给孩子的理念，这是一种可以避免片面性的发展。当然，父母并不从这种积极的角度看待它，他们经历得更多，认为自己传授给孩子的价值不容置喙，自己也无法忍受被质疑：正因为在意，父母才为自己的价值被否定而感到痛苦。

很明显，一段人生经历在此告终。许多批评和权力斗争都与此相关：我们不愿承认，人生的一个阶段走到了终点，而我们必须对其哀悼。孩子若要走进世界，脱离过程中的孩子和父母都必须进行哀悼。人生画卷在孩子面前展开，父母也许并不会完全因衰老而被甩在后面，但他们至少也已经步入中年。即使当下年富力强，美好的年华却不会再重现，这又为嫉妒提供了理由：父母无法接受自己的衰老，无法走入新的人生阶段。

孩子在这一阶段学会了分离：他们仿佛自发投入了哀悼活动。他们问及早先的童年时期，在共同的对话中重温它，互相诉说那些过去被激活的、永存的记忆，诉说缺失的遗憾和困难的经历——当然不是一次讲完，这需要反复的诉说。

哀悼的第四个阶段在脱离过程中具有非常特殊的性质。儿子和女儿完成脱离后，不会走出父母的生活，但与他们的关系已经发生了改变。想要"逆向"实行脱离过程充满危险，因为父母具有惯性，倾向于不断倒退回之前的行为习惯。因此，这个阶段将持续一生，人们在寻找"适度"的亲密时，也在寻找"适度"的距离。这个过程不能一蹴而就，也无法一劳永逸，双方需要根据对相互联系和自我独立的心理需求灵活调整。人们只有在接受并尊重关系对象自主性的前提下，由此"读出"现行阶段究竟需要更多还是更少接触，读懂使联系更紧密或更松散的信号，才能更好地维持这一极具差异性的关系发展过程。具体的关系行为体现着所有参与者需求之间的妥协。如果自主需求没有被满足，其中一方拒绝脱离，那么另一方就会公开或隐秘地逃走。在现实中可能表现为，即使过了很长时间，父母和孩子之间仍然保持着原始的家庭纽带。孩子踏上隐秘的逃亡，身患疾病或者沉溺于永远无法实现的想象生活，在内心流浪。[1]

[1]　黑尔姆·斯特林（Helm Sterlin）：《家庭动力（第三卷）》（*Familiendynamik*，Heft 3），第 221 页及以下几页。

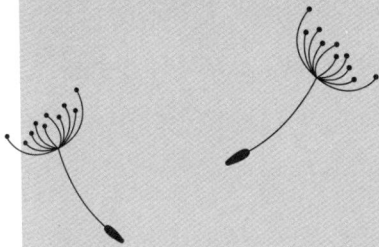

青少年如何与父母分离

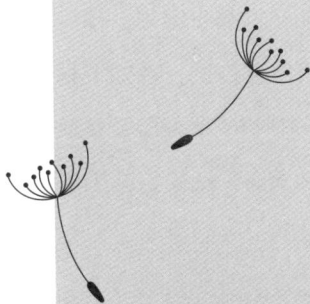

05

青少年的分离行为受到很多因素影响：相比总是被他人阻碍或自我抑制脱离过程的青少年，那些在合适的年龄完成脱离步骤，并由此巩固自我认知的青少年，能够更轻松地脱离。每个家庭也都有家训，体现着它的内在凝聚力和对于分离的包容程度。例如，以"快独立起来！"为家训的家庭允许的分离程度就很高，但对于不想或无法独立的人来说，这类家庭能够提供的庇护就很少；而在某些家训中则隐含着"我们永不分离……"的讯息。父母之间伴侣关系的形势也影响着孩子的分离行为：如果父母中的一方必须受到另一方保护，那么孩子也无法真正"走出去"。此外，社会价值也扮演着重要的角色：在这个时代，早早独立是时髦的吗？或者与之相反，尽可能利用父母提供的基础条件才是一种潮流？当然，其他问题：诸如，父母是否允许孩子充分利用自己，或者父母自己能否分离，也都是影响因素。

除了上文提到的这些，分离过程错综复杂的原因还在于，在具体的现实中，我们与父母分离，不仅是为了与他们建立新的关系，不再以孩子的身份和他们相处——当然我们仍是他们的孩子——也是为了与他们重建作为成年人的关系。我们还必须在心理上与父母情结脱离。父亲情结或母亲情结产生于我们和父母的共同生活，他们的愿望、要求、观点等总是与作为个体自我的孩子相冲突。[1] 在一再碰撞并不断产生冲突之处，就形成了"情结"，通常被称为"父亲情结"或"母亲情结"。倘若要了解这些情结，我们需仔细询问孩子受伤害的情况和双方的关系障碍。

例如，一位患有严重工作障碍的学生这样回忆起自己的父亲。自大概五岁他能记事起，父亲就轻视他的作品，例如，父亲曾刻板地评论他的画："能力比喜爱更重要。"一生中，这句话在他脑海里回荡了

[1]　　参见卡斯特：《象征的动力》，"情结"（Komplex）一章。

"几百万次"，成了"情结语句"：只要面前有一张纸，他的耳边就会响起父亲的那句"能力比喜爱更重要"。在自我意识中，他觉得自己就像那个五岁的小男孩一样，因为激怒了父亲而垂头丧气。他感到自己缺乏安全感，坐立不安，需要无休止地为自己辩解，解释为什么面前总有一张纸等。

　　脱离父母情结也是脱离父母的一部分，这在青春期中更多的是下意识发生的。毕竟，在这一阶段出现的很多针对父母的批评并不关乎父母本身，而更多的是关于父母情结。父母经常感到惊讶和委屈，因为孩子并不体谅他们的实际情况，没有把他们看成具有能力、忧虑和困窘的活生生的人。他们时常体会到，即使孩子成年后，也只能看到他们身上的一部分特质。他们甚至能够意识到这些特质给孩子带来的问题和负面影响，但他们也知道，这些特质永远无法构成自身的全部存在。对父母来说，能听进去指责也很重要，因为这能促进潜在的改变。不过，这些指责不应被全盘接受，因为孩子对父母的认识并不全面，即使在生命的进程中，他们对这些情结的理解愈加深刻，仍然容易将情结当作父母本人。毕竟大部分情况下，父母总是在身边，保持原貌，所以孩子很容易认为这种投射是正确的。有时只有通过治疗才能揭示：旧的关系问题会一再重演，即便孩子不再是孩子，父母也不再是当年的父母。

在亲子关系中持续着脱离过程。打一个形象的比方，就拿洋葱来说：外层的膜总是不断剥落，人们觉得自己也已经完成脱离了，却发现新的脱离阶段即将来临，亟待关注。要知道，父母自己也还处于与上一辈的脱离过程中，而下一代与父母的脱离很有可能受到与此相似的分离行为的约束。

然而，青春期的脱离阶段显然是刻骨铭心的，因为它还伴随着个人社会生活中的重大事件，例如，住进第一间公寓和组建自己的家庭。

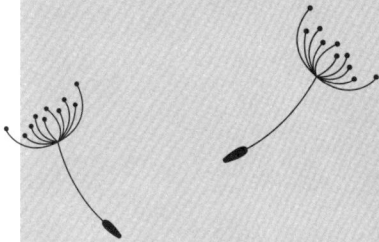

被回避的脱离

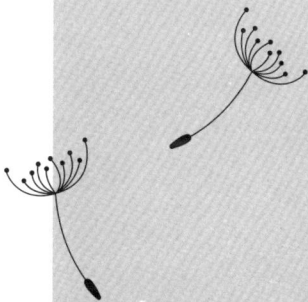

06

格尔达的案例

一位四十八岁的女性前来寻求治疗，在这里就叫她格尔达好了。她抱怨自己没有丝毫的生活乐趣，要承担太多责任，这让她倍感烦恼，无法承受。对她而言，一切都过多——而自己以外的所有"其他"人或物都是罪魁祸首。虽然她承认，客观上来说，手头的工作实际已经比往常少了很多。她也一直苦于自己过于敏感，为一点点琐事就忧心忡忡，饱受失眠的折磨。她恰恰成为自己的负担。"我受够自己了，在家里我肯定是个很可怕的存在。"她失去了性欲，而"丈夫可能因此有外遇"这种念头也不断纠缠着她。

格尔达是一位家庭主妇，一位全心全意的母亲。她有三个孩子，都已经离开了家，最小的儿子搬出去两年了。家里的房子很大，她曾希望小儿子能够再住久一点，但他在朋友们的怂恿下搬去了合租房，那里远没有家里干净整洁。偶尔他会让母亲帮他收拾东西，或者给他做喜欢吃的菜，这种任性来去其实很让格尔达恼火。所有孩子都还有父母家的钥匙，她却没有孩子新家的钥匙。尤其是最小的孩子会"使唤她做各种各样的事"。"但是为了再见到自己的孩子，你又怎么会拒绝这些事呢……"

格尔达在讲述过程中显得很愤怒，然而她自己并未意识到这一点。她觉得自己老了，也知道如今和丈夫的关系很重要，但他本身也肩负众多责任和要务，所以他们见面的机会甚至更少了。

一切都与往常不同了——新事物却仍未出现。孩子们都还没有结婚，她一时间也没有孙辈能照顾。女人希望掌握工作技能，这是时代潮流在作祟。然而甚至她自己的生活阅历也昭示着：她没有工作能力，因而现在感觉自己在世上"百无一用"。孩子们的生活方式都与自己截然不同，这深深地刺痛着格尔达。"我为孩子们做了那么多事，如此精心培养他们，然而现在他们却表现得仿佛毫无教养。"同样刺痛她的，还有孩子们对于父母的颇多指责——对父亲的指责甚至更多。

孩子是她生活的重中之重，自己耗尽心血为孩子们奉献了一切，而现在除了被指摘却"毫无回报"，这种发现让痛苦达到顶峰。有时候，她甚至能感受到孩子们对她本人以及她的"小市民生活方式"的鄙夷。"你们只会干活，根本不懂生活"——他们经常表达诸如此类的批评。

还让她感到委屈的是，丈夫虽然看到了这些问题，却认为没什么大不了的，表示这只是人必须经历的过程。她觉得孤立无援，无论丈夫还是孩子都无法理解自己。

这是一种典型的"空巢"抑郁：她的全部生活都围绕着在家里相夫教子。而如今，"巢穴"已空，她感到空虚，不知自己该做什么。她在生活中看不到意义，日益明白自己始终在照顾别人，却从未顾及自己。

她原本指望着肯定能获得什么回报。她甚至因为不想承认这一人生阶段已经过去，打算继续满足孩子的要求。但接下来，她却不得不从这一阶段脱离，与孩子们挥别，而自己也要为余生寻找人生规划。

她问自己，内心的愤慨会不会与更年期有关，这是丈夫的判断，女性朋友们也朝这个方向暗示她。更年期抑郁是一种常被给出但经不起推敲的诊断，它往往与孩子的最终脱离同时发生。

变 化 过 程

起初，格尔达确实在以深层心理学[1]为导向的心理治疗中，谈到了更年期。她认为自己的焦虑不满，对于拥有家庭到底有无意义的怀疑，对于自己的丈夫是否为合适伴侣的质疑，可能都和更年期有关。"我有时在想，这一切怎会走到如此地步！"

格尔达虽然还没感受到更年期带来的任何变化，但是可能已经处于更年期的进程中了，如果只有体内

---

[1]　［译注］深层心理学（Tiefenpsychologisch）：从心理分析学的角度，指弗洛伊德对心理结构中无意识部分的研究理论；存在主义的深层心理学指意志主义的非理性心理活动；结构主义的深层心理学指认识结构从无意识产生的理论。详见冯契、徐孝通：《外国哲学大辞典》，上海：上海辞书出版社，2008年，第285页。

的荷尔蒙变化造成了她的意义空虚和抑郁不快，当然是最好的结果。"权威专家们"恰恰为她提供了这样的解释。我试着向她说明，她固然会深切感受到在人生的这一过渡阶段，体内的荷尔蒙水平会自然地发生变化。但这一阶段仍有很多生理以外的问题亟待解决：作为女性，母亲任务完成后的新身份问题、年龄问题和余生中的重心问题，还有具体情境下与孩子的道别问题。

格尔达对于衰老心怀恐惧。她认为，更年期和她刚到八十岁的母亲的高龄之间没有区别。她多次说道："等更年期完全过去以后，我就老掉牙了。"当被问及什么才是"老掉牙"时，她认为那意味着对生活丧失兴趣，没有性吸引力，并且对性行为也毫无兴致。"没人再关注我，一切都过去了。"

在格尔达谈论更年期的时候，我们可以明显地看出，她将自己作为女性的自我认知和价值相当紧密地与性吸引力和繁殖力联系在一起。这是一种难以摆脱的错误假设，即认为随着更年期的到来，性行为也会终止。对她来说，无法想象的、可怕的是，无法继续做一个有魅力的女人。

她好几次梦见自己熟识的风韵犹存的老妇，既为之着迷又有些害怕，因为她们的生活方式都不像自己那么传统。在接触了其中几位女性，并聆听了她们如何经历更年期以后，她随之改变了一些自己的期望。她清楚地看到，所有女性都在认真地为生命的下一阶段做准备，并努力用当下可能的方式，弥补自己在生命中错过的东西。她意识到，这些女性中没有一个人认为自己毫无价值，也不认为生物学就能简单定义自己的存在。于是，关于更年期的话题第一次得到了解决。

值得注意的是，格尔达在治疗对谈中经常引用自己父母的话。她以"好女儿"自居，没有过多脱离仍在世的父母。她反复表达自己对父母给予的一切的感激之情。她仍经常探望父母，即使自己并不情愿，而且父母其实仍然硬朗，并为能够生活自理而自豪。她也在治疗刚开始时提到，自己与父母的关系还存在很多问题。

不需要更多细节我们就知道，格尔达显然没有随着年龄的增长充分完成脱离的每个步骤。她似乎仍然和父母紧紧绑在一起，"我们永不分离"好像是这个原生家庭的家训。她的家庭强调紧密的内聚力，不太重视自主性。

格尔达没有过多脱离父母和原生家庭，如今便在放手让孩子独立时困难重重。她想起幼小的孩子开始喊"自己，自己"，开始在成功把自己藏起来的时候偷着乐，这些都给她带来了巨大的疼痛。而一旦她知道自己的孩子实际上非常胆怯，比别的孩子更需要自己，她又重拾喜悦。她并没有意识到，孩子的胆怯与她自己对分离的恐惧不无关系。

　　在治疗的第一阶段，格尔达意识到，她的生活发生了翻天覆地的改变。对孩子们离开的痛苦和愤怒涌上心头，她对孩子们提出的无理要求感到气愤，但又几乎顺从地满足了他们。她的痛苦还来自失去了母亲角色，这个角色无疑为她提供了存在的合理性。直到现在，她从未问过自己是否是"真正的女性"，也没有思考过自己的生活是否有意义。这一切似乎显而易见，但现在却并非如此。她很清楚自己必须找到新的角色，但到底是什么角色呢？

　　由此，格尔达也开始反思自己总是扮演的乖女儿的角色，痛苦地意识到自己一生中曾因害怕给父母带来苦恼，而放弃了诸多事情。很重要的是，她开始幻想不再讨好父母的生活，许多人生可能性就此浮现，而其中至少有一部分是能够实现的。

除此之外，她还意识到了别的东西：父母很少鼓励自己独立，几乎没有支持过自己进行突破性的尝试。她虽有怨言，却仍然感激他们没有完全阻碍自己的生活，并一直提供充满爱意和安全感的家。

对格尔达来说，感激是一个重要的问题。她虽然能理解孩子们那种逃亡般的离家行为，理解他们与父母和祖父母截然不同的生活——上一辈对这一生活方式也不赞成——认同他们完成了脱离过程中的重要一步，或者至少为其创造了前提条件。她有时候也会感到欣慰，孩子们显然比自己在这个年龄时更有能力。但总归，她还是坚定不移地认为，孩子们应当心存感激。我试着与她一起探究，在人生进程中，孩子们在她身上激活了什么，即已经为她"带来"了什么。我想借此明确的是，母亲并不仅仅是给予的一方，而孩子也无须在长大后反过来回报母亲。事实上，在给予的同时总有接受。对于成年的孩子而言，"回报"并非当务之急。父母在与孩子的关系中投入的精力不能也不必由孩子回报：生命的意义在于，每一代人为下一代人努力，因为别人也曾为他们投入过所有的爱、关怀和精力。

抛开种种烦恼和忧虑，格尔达很快想起孩子在她生命中带来的快乐。她非常清楚每个孩子以独特的方式在她身上唤醒了什么。她喋喋不休地说起，其中一个儿子五岁时就已经帮助她更勇敢地游泳。而另一个儿子，某天突然开始狂热地搜集伤感歌曲。一开始，她对这些歌曲不屑一顾，但这对于小男孩来说并不算什么。她取笑他"多愁善感"，但儿子却在一天晚上哄着她一起唱所有的歌曲。从中，她感受到生活充满着情感，而这是她自青春期起就一直嘲笑的，她的生活神奇地变得生动起来。一旦一些记忆的生命力通过回忆活动被激活，更多的过往就会源源不断地涌来。格尔达也将这种回忆活动带回了家庭，她的丈夫也开始刺激自己去回忆，孩子回家时也会加入到讨论中。

格尔达自己也知道，身上某些激活的特征是危险的，所以她把女儿的"知识分子做派"视作眼中钉。女儿高中毕业后去了大学，过得自然随性，她狂热地爱上了烹饪，也热衷于养狗。尽管女儿的"知识分子做派"也许并不出格，但格尔达仍然能够感受到。女儿走的路在某些方面唤醒了她对于学习的憧憬。一开始，她对女儿的大学专业非常感兴趣，后来却与所有"不甚读书"的妇女一起贬低它。她很嫉妒，这种翻涌的嫉妒几乎将她吞噬：她想有更多知识，但如何才能做到？她甚至不敢补考高中毕业考试。当然，她也不承认自己嫉妒，反而构建了一套令人信服的思维逻辑：学习的女人算不上真正的女人。她的女儿不敢相信，当今还有人如此守旧——母亲是不是有病？对女儿的嫉妒给格尔达带来了许多麻烦。格尔达没有忽略丈夫看向女儿时目光里的赞许，他还做出了这样的评论：女儿让他想起了十八岁时遇到的格尔达。丈夫可能是出于好意，但格尔达却把它理解成一场被回忆活动激活的不公平较量：女儿年轻貌美，而你却年老色衰，喜怒无常。如果她问起过丈夫是否有这层言外之意，也许就能免去许多苦恼。虽然她希望女儿过得好，比自己更好，但女儿一定要在方方面面都胜过自己吗？她突然注意到自己开始批评女儿，好像女儿在自己眼里没有任何可取之处。这再次伤害了女儿，让她与父亲更为亲近，反正女儿一向如此。但当格尔达从朋友那里听闻，女儿也可以成为母亲非常亲密的朋友时，她感到自己又陷入了落后的处境。女儿学习时的游刃有余让她最为嫉妒，格尔达开始暗自责备父母，小时候他们就告诉她，反正女孩很快就会结婚生子，不用学习。当然，她知道，自己当时心甘情愿地接受了这种说法。她也知道，父母当时并不了解情况。但她也回想起自己那些掌握一门手艺的女性朋友，她们其中一部分其实违背了父母的意愿。这些朋友也许并不比她更天资聪颖，但比她更勇敢。

随着对自己生活的不断追问，格尔达开始了与父母的脱离过程——并没有闹得天翻地覆，而是潜移默化——她不再把父母曾经做的、将要做的和拥护的一切都理想化，也不再和他们讨论自己的问题。

然而她无法很好地与妒忌心达成和解。她坚信人不应嫉妒，尤其不该嫉妒自己的孩子。只有把这种妒忌解读为挑战，将妒忌对象以某种方式带入生活中，才能更好地解决这一问题。如今嫉妒之情喷涌而来，女儿、儿子们、丈夫都会激发这种情感。这种嫉妒基本不是毁灭性的，却给自己带来痛苦，它昭示出，在生活中，她曾如此频繁地忽视自己的愿望和需求。

通过自己脱离父母的策略，如今格尔达在尝试与自己的孩子脱离时，也变得更加敏感。从自己的经验出发，她此时很理解孩子离开父母时内心的负罪感，即使这种离开充分符合生活的意义。

然而，孩子抗拒这种负罪感，不能正视和表达它，父母便被赋予了替罪羊的角色，成了所有事情的罪魁祸首：他们责备父母确实没有做到的事，觉得父母也可能是自己与别人之间不和的根源。这是父亲情结和母亲情结更具体的体现。孩子们将世界不理想、社会不如人所愿此类问题都归咎于父母。在说出或者隐而不发的指责中，都蕴含着一种负罪感。指责是为分离服务的，表明父母偏离了孩子曾设想的理想形象。他们尝试用激烈愤慨的指责改变父母，从而让他们符合自己的设想，让自己免于羞愧，这一切并不罕见。表面上这问题只与父母相关：倘若不必和理想的父母告别，那么人们便也不需要和理想的自己告别，能够保留这种形象。告别意味着哀伤于理想形象的不可实现，也意味着庆幸于自己不必如理想般完美。如此一来，因为我们所欲求的终究不可能实现，所以我们的目光就不必困在具体的行动中。但通常情况下，反而出现了双向的教化过程：父母想要迅速彻底地补偿他们迄今为止的所有过失，年轻人则想强迫父母弥补他们认为的或父母真正亏欠他们的事情，抱怨自己感到的被亏待之处。这种相互教化的尝试让双方都如临深渊，对于他们关系的损害也常常远非一星半点。然而人们还是坚持要这么做。这就表明，他们没有脱离彼此，而是正相反，更紧密地咬合在了一起。倘若人们在彼此交错、发生关系时，更多地将对方同步看作是蕴含潜力和局限性的人，而非看作父母和孩子的角色，就能知道在这种尝试中，人们是如何抵抗、避免必要分离所带来的痛苦，以及与过去相关的讨论。

格尔达与孩子的分离过程清楚体现了上述动态。一旦格尔达对孩子们比往常更独立表达出喜悦，他们对她的指摘和说教的尝试立马就销声匿迹了。她说孩子们做得对，即使她对此感到痛苦不堪。从那时起，孩子们就不那么叛逆了，他们更经常回家聊天，也特别谈到了面对相当焦虑的母亲、相对不那么焦虑的父亲时自己的感受。

然而就在格尔达专注自己的兴趣，不再终日盼望孩子归家，也常和丈夫一起出门的时候，新的问题又出现了。孩子们开始抗议：一切都与往常不同了，他们不能再依靠母亲了。母亲不再郁郁寡欢，不再指责，甚至内心也不再有哀怨，但他们也不能依赖她了。即使需要她的时候，她也不在。孩子们想摧毁这一阶段，摧毁哀悼过程中与自我、与世界的新关系，想留下母亲。他们也感受到了父母婚姻的变化：格尔达的忧虑减少了，她变得更独立、自主，丈夫也感觉她更有趣味和魅力了。她由此学会放手，丈夫也不用那么紧张兮兮。双方突然发掘出很多可共享的乐趣，主要是格尔达，她重拾起了很多年轻时的渴望，丈夫也乐于从这些渴望中获得刺激，如关系伊始那样，突然重新占据妻子的生活重心，明显让他心满意足。格尔达也承认，自己曾经把作为母亲放在首位，认为自己和丈夫在一起首先是一对可依赖的父母，双方互补，运作良好——对于作为丈夫的伴侣这件事，她当时并不是很感兴趣。

格尔达的父母也心有不满。他们发觉自己的女儿人到中年变得非常古怪，便和自己的孙子、孙女联手，试图让格尔达重新承担起过去的义务，回到之前的老路。格尔达很理解父母的反应，因为在面对自己孩子的时候她也有相似的体验。她想向他们解释发生的事，但父母不听。格尔达最终接受了这一点，认为即使得不到父母的祝福，也要迈出这正确有益的一步。这是"成熟"、自我负责的表现。但孩子们的抱怨更难招架，他们的一些要求也许合情合理，但她如今无从确定。她感到自己想尝试屈从于这些要求，重建旧的关系，却也不愿让新生活受阻。

在脱离阶段，父母家是年轻人所谓的港湾，是他们总能回归的基地。因而在分别之后的重新亲近阶段，父母和子女双方都常有种错觉，认为现在一切都重归于好，他们可以像过去一样共同生活。但重新亲近之后就是危机，它导向下一步的分离。这一步要想和缓的发展，基本上需要孩子意识到，在家"加油"是为了让人放心，意识到即使踏上自己的路，仍然可以在家里被关爱和接纳。当然，这并不表示父母或者母亲一人要随时待命。年轻一代对于这种改变的反抗就在于，他们想要改变全部生活，却又希望家里一切如初。随着脱离的推进，父母终究不再总为某人活着，这一阶段也必将成为历史。因而，年轻人若能够在此阶段进行哀悼活动，将会意义重大。

格尔达的例子表明，哀悼活动对于她脱离母亲角色而言至关重要。她因排斥悲伤的情绪而陷入抑郁，而当她开始迎接早该进行的哀悼活动时，她便不仅成功放开了自己的孩子，也让自己从中脱离开来，没有产生被劫掠的感受。她将与孩子共同的丰富多彩的经历存放在意识当中，继续生活。格尔达也时常反复怀有一种平静的哀伤，因为一切都已时过境迁。但她不会再质疑自己作为母亲和妻子的角色，能够接受这些转变，也接受了新的生活阶段。第一个与更年期相关的"担忧活动"[1]业已完成。经历过与孩子们的脱离，她也弥补了自己与父母脱离过程中产生的早该解决的遗憾，而且没有走极端。此外，她与丈夫的关系也重焕生机。

---

[1]　卡斯特:《哀悼》。

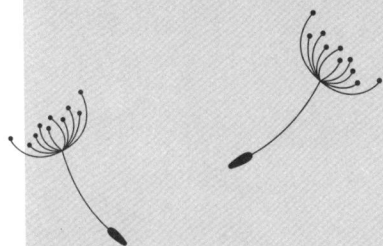

寻找全新身份认同之困难

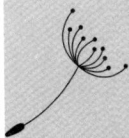

07

身份认同的意义

通过哀悼活动，我们脱离集体自我，重新回溯到个体自我。在脱离孩子的哀悼活动中亦是如此。认真对待哀悼过程很重要，虽然通常情况下，孩子仍与我们保持关系，但只要他们完成脱离并离开家庭，这一关系就会彻底变化。如果确实完成了脱离，恰恰意味着哀悼也已经完成，那么我们就能更自然地把孩子视作成年人，并重新与之建立关系。之后孩子们可能要承担起照顾年迈父母的责任，正如乌鸦反哺那样。

我们必须拥有个体自我的意识，才能实现从集体自我到个体自我的回归。我们必须意识到完全属于自我的身份认同，而不依靠任何派生的身份认同去生存。例如，女性只在与孩子或丈夫的关系中定义自己，这可以被称为派生的身份认同。但对于健康的生活来说，独立自主的身份认同是必不可少的。

身份认同的基础[1]是身体性及随之产生的活力和生命力。有一种潜能在这种感知中生根发芽，自我得以积极地参与到生命中，最终完成自我实现。活力、主观能动性和自我实现相互依存。在发展进程中，主观能动性更多地需要自我确定，而非外部确定。在生命中，我们甘愿冒险，积极进取，由此展现自我。在此过程中，我们或多或少痛苦地触碰到自己的边界，这意味着：我们意识到了自我情结——通常也被称为"自我"。

对身份认同的体验也包括对自我的准确认知，认识到对自己的想象，并区分和对抗他人施加的想象。界限分明的自我情结需要满足以下前提：它要随着年龄的增长从父母情结中分化出来，愈发独立，并且其主体要不断置身于新的关系和经历之中。

---

[1] 下述部分文本摘自我的《象征的动力》第 68 页及以下几页，略有改动。

这种身份认同的界限可以看作是暂时的，也是可渗透的。"成为自我"总是意味着不断重新划分自己与世界、自我与无意识之间的界限。感受明确的界限也帮助我们抹平界限：正如在爱情与性行为中经历的那样，我们可能与另一个人完全融合；正因为我们知道自己有能力重构边界，才能坦然接受一定程度的自我丧失。

身份认同的体验一部分是连续性的：透过所有的变化，我们知道新生的我们依旧是自己；意识到我们与祖先后裔的联系也有助于带来对这种连续性的感知。我们从情绪中体验到连续性，这些情绪遵循生物模式。虽然这一模式在一生中都很难改变，但我们能够调节自己与情绪的相处模式。我们的身体感知到情绪，从而构成自我情结的基础。在感知的作用下，我们得以在连续性中体会自我，并意识到自我身份。

对自己的兴趣也同属身份认同的体验。我们兴致盎然地畅想自己能产生什么影响，导致什么结果，构想自己，浮想联翩，我们不断探索自己是什么样的人以及想成为什么样的人。而那些在自我形象中无法被接纳的方面则不断被压抑，最终构成我们的

"阴影"[1]。

显然，独立自主的体验也属于身份认同的体验：一生之中，我们无法彻底独立，只能逐渐向其靠拢。依赖性如影随形，并且总是改头换面。在我们变得愈加自立之处，在我们愈发清晰地感知到身份认同之处，独立性和随之出现的责任感将取代依赖性。这样，我们的身份就不再仅仅带有亲子关系的烙印，不再由"父母话语"决定，通常也越来越少被权威观点左右。但这也意味着，我们要敢于将独立的构想公之于世，并为之负责。

如果某人由依赖和束缚转向自主性的逐渐增强，以及关系的不断发展，那么就可以说他拥有独立的自我。按照荣格的说法，这还表示独立的身份认同感

[1]　阴影（Schatten）：指我们不能接受的一面，它不符合理想中的自我形象，也通常与社会价值相冲突，因而我们会压抑这一面，偏好在他人身上、在投射中看到这一面，并在那里与它们斗争。除了个人阴影，还有集体阴影。关于个人阴影，慷慨的人拥有吝啬的阴影；更加温和、避免攻击的人具有攻击性的阴影，当这一面出现的时候，他们就会变得好斗，而自己完全没有意识到。阴影让我们知道自己不仅是自己喜欢的样子，也让我们面对一个事实，即正是我们有意识决定反对的东西会在灵魂中出现。参见卡斯特：《象征的动力》，第242—244页。

深深根植于一种经验，在其中，我们要重新与生活的指导原则建立联系。这种原则通过不同的象征形式进入我们的意识，操控自我情结的构建，并由此支配所谓的个性化过程。[1]

在青春期，与父母的脱离以及从父母情结中划分自我、发展独立身份认同，成为亟待解决之事。

女孩迈入青春期之后，首先被全方位激活的是父亲情结。父亲情结有多种形式，总是叠加在与父亲的共同经历之上。换句话说，在青春期女孩的眼里，一方面，男人们变得有意思起来。那些与父亲一同体验的生活的质量被投射到男友身上，以另一种形式被重新经历。或者另一方面，父亲情结被转移到了精神和知识生活中。这两种社会化形式都与迷恋相关，虽然它们可能同时出现，但大多可由此把女孩分为两种：很早交男朋友并过上伴侣生活的女孩；或是投身知识生活、在精神世界活动的女孩，其中，灵感、宗教信仰、政治或仅仅对知识和智慧的迷恋发挥着主要作用。根据不同的母亲情结基础，女孩们在这一阶段或

---

[1]　　参见卡斯特：《象征的动力》，第13页及以下几页。

多或少分化开来。

即便这两种社会化形式能够相互结合，但与父亲和父亲情结的联系仍然存在其中。女孩完全不会与父亲情结对抗，因为在认同父亲情结的过程中，女儿得以满足由此产生的社会角色的要求：她要么交男朋友，并很快成为家庭主妇和母亲；要么立足学界，与父亲的角色趋同。前者不会出于自我意志与丈夫唱反调，后者则将证明自己也能扮演好父亲角色。当然，对这两种角色的认定都无可指摘，只要它确实出于自己的决定，而不是单纯出于对一种发展停滞状态的满足。因为这种停滞的后果是：女孩不再寻找自我身份认同，而是接受一个被预先书写的身份。

有一类女性，她们的自我情结与父亲情结融为一体，清楚地知道自己在这世上应该如何行事、如何把握事物，始终让我们啧啧称奇。然而，当情感干扰其生活，例如，遭遇分离、与孩子脱离，这些女性会变得空虚无助，觉得天都塌了。她们根本无法理解自己，毕竟到目前为止，她们都在生活中得心应手，总是从容不迫！如果女性无法与父亲情结或母亲情结对抗，并将其转移到男友身上，她将长时间停留在女儿角色中。那么，她将不是伴侣，而是隐隐成为丈夫的女儿。这也是派生身份认同的一种形式，起初社会并未将其视为问题，反而看作一种期望。因此，角色需求与女性身份认同的寻找是横向对立的：女性至少可以满足角色的要求，而不必再寻找独立的身份认同。因为完成了自己的角色，她感觉自己是"真正的女人"，而无须追问这到底指什么。她没有自我身份认同，这不足为怪。

从派生身份认同到自主身份认同

贝尔纳多尼（Bernardoni）和韦尔德（Werder）的一项研究表明 [1]，在那些成功登上行业顶峰的职业女性之中，百分之八十都有受过高等教育的父亲，并且这些父亲也培养自己的女儿要独立自主。作为榜样，这些父亲有着活力十足、积极向上、智慧明达、进取心强、开明宽容的特质。这些特质也许并非夸大，可以想见，若父亲们如上所述魅力四射，那么母亲的角色就相形见绌了。对母亲的评价之所以不高，

---

[1]　贝尔纳多尼、韦尔德：《成功而非事业》（*Erfolg statt Karriere*）。

是因为成功女性不认可自己母亲的消极和单调，不认可她们笼罩在父亲阴影下的生活。认同父亲、压抑母亲角色的行为，也许早在青少年时期就已导致身份问题，这些问题一经出现，青少年只能用更多成就去弥补。我们可以说，研究中的这些女性总体都具有积极的父亲情结。她们大多数都已经结婚，但贝尔纳多尼和韦尔德也注意到，她们在婚姻中明显要比寻常人承受更大的压力：至少在外人面前，这些女性要给足丈夫面子，以他们为先……

用这项研究作为例子，是因为在我看来它呈现出了当今重要的社会化形式：对于父亲角色的认同——因为这一角色更具吸引力。但这也表明，自我情结是与父亲情结相符的，于是，母亲情结以及与母亲的关系被割裂开来，或者退隐到背景中。这种对父亲情结的认同的确是因为父亲角色更有魅力，但除此之外，没有与母亲情结相抗争也是另一原因。如果抗争没有发生在青春期，那么至少也要在中年时进行。在这一背景下，往往会出现与孩子的脱离、更年期和一般情况下的分离相关的严重的身份危机。

女性从青春期就要开始厘清身份问题，否则便无法形成自主的身份认同，只会从外部形成派生的身份认同，比如，从深爱的男人们身上，或者从集体对她寄予的角色期待上。缺乏自主身份认同，亦即缺乏一种关乎不同女性独特内心世界的认同。寻找自主身份认同绝非易事：女性在找寻适合自己的形象时，往往会发现这一问题又回溯到了男性形象上，即男性塑造的女性形象。因而，形成一种非派生的身份认同、描述这种身份的感受、寻找与内在状态相符而不是依附于任何外界期许的形象，这一切都要求女性进行大量的意识活动。当然，这种女性形象最终是内在与外在世界相互妥协的结果，融合了人际关系期许的旧形象，以及与内在世界协调一致的自我形象。

在我看来，这似乎是当下尤为重要的一种解放方式，它并不轰轰烈烈、难以维持，却至关重要。只要女性自己的身份认同还处于被剥夺状态，她们的处境就无法从根源上得到改善。

为了寻找自己的身份认同，女性必须与自己的母亲抗争。如果她们在青少年时期没有进行抗争，那么与母亲待处理的问题通常就会转移给伴侣，给二者的关系追加困难。

与母亲的抗争

青春期与母亲的对抗也是从划清界限开始的。首先是与现实中的母亲，以及她们选择的人生角色划界：母亲代表着一种模式，我们构建的身份认同最开始会下意识地反对这种模式。母亲未曾经历和排斥的部分构成母亲阴影，这种阴影在孩子构建与母亲相对抗的身份构想中发挥着作用。例如，母亲的生活清心寡欲，那么女儿在青春期伊始，就常会选择一种纵情享乐的生活方式。她们将母亲生命中错过的一切都间接展现给母亲，有时这会激起后者对自己生活方式的反思。然而更多时候，母亲们的反应是震惊和焦虑，甚至是过多的、不必要的震惊和焦虑，因为母亲形象毕竟贯穿了孩子的童年和少年时代，已经在灵魂中留下深刻的烙印，迟早要追回其权利。这就是说，不幸的是，根本没有像人类发展所希望的那样出现"革命"。过了青少年时期，我们经历的很多生活方式，并不完全是父母灌输的教育理念及其阴影之间的折中，反而是原生家庭有意识宣扬的价值观的重现。

上文提及的阴影首先是作为脱离的一种方式出现

的：在这一时期，女孩声称自己什么都要跟母亲对着干。这一说法并不一定表明母女关系不和，而主要是女孩寻求身份认同的表达——从背离母亲、划清界限开始。

虽然女孩还未真正确定自己的立场，但这是她首次提出"反对"：传递了一种拥有个人立场的虚幻信念，只要个人身份认同的寻找还未停止，这种信念就能继续提供帮助。在探索个人自我认识，以及由此产生和母亲对立的生活方式时，女孩开始寻找女性榜样，开始在现实生活或幻想中，一一尝试这些参考了女性榜样的不同人生规划，其中也包括一些虚构的人生规划。在我看来，这些投射到女性榜样身上的想象恰恰具有深远意义。榜样们可能至今仍然在世，也可能只存在于这一阶段被反复阅读的传记中，与女孩的现实生活处境没什么关系。榜样取向来自个体的无意识，是对于女性形象的首次表达。只要此类人生规划不是仅仅为了压抑某种生活方式才出现的，那么，构想出的形象就能接近真正自主的女性形象和自我形象。当然，它们也在随着时代的发展不断变化。

划界阶段其实是自我寻找阶段，其中不仅榜样在发挥重要作用，与其他女性的关系也不容忽视——

如果母亲情结产生的影响允许的话。倘若一个女人有着非常负面的母亲情结的烙印，对她而言，这意味着女性——尤其是母亲般的女性——只是巨大失望的源头，那么这条路她就走不通。与其他女性的关系让她们产生女性自我认知：女性不仅通过自己的眼睛，也会从其他女性的视角看待自己。她们互相映照，彼此感知并且接受。与其他女性的关系也促成着一种体验质量，这里更多地指的是一种"阿尼玛质量"（Animaqualität）：一种情感上彼此紧密连接、灵魂上愈加松弛、不需要人去维系的氛围，一种不会立刻起作用的情爱反应，一种对于女性潜力的迷恋，也是一种可以简单尝试的温柔缠绵。[1]无意识的女性形象从而苏醒，并且与专属的情感产生联结。这些感情表现为或温柔或粗犷的多种亲密形式，展露出女性存在的多种维度。荣格最初用"阿尼玛"（Anima）表示男性蕴含的女性气质，而反过来用"阿尼姆斯"（Animus）表示女性的男性气质。然而当今时代，女性对于阿尼玛的需求似乎非常巨大，它对于突破母亲情结至关重要。与男朋友的关系是由社会和家庭决定

---

[1]　　参见卡斯特：《夫妻》，"阿尼玛"（Anima）一章。

着、被不断鼓励并要求着的关系，所以与女性朋友交流个人经历的关系并不会沦为第二位，相反，这种情感经历在自我形象的发展构成中非常重要。在这种交流中，关系结构得以发展，在其中人们不必放弃而是可以实现自我，人际关系中提供着感受和维护不同感情的空间。

这些经历凝结成新的人生规划，让人得以重新和母亲亲近起来：与母亲的对抗通常会在此时化为感同身受。母亲现在可以保持自己的独立人格，其已成型的自我也获得了理解。在重新亲近的过程中，我们注意到自己与母亲相同的性格特质，也许有些方面甚至同样令人厌恶，但也因此，我们可以学着以不同方式对待这些方面。同样值得注意的是，即使有着相似性，我们依旧是完全不同的人。重新亲近要在对话中阐明，女儿要在对话中搞清楚母亲为何选择她的人生规划，而母亲也要从中了解女儿的人生规划到底是什么。每个人有自己的人生规划，从自身经历出发，母亲可能完全无法理解女儿的规划，满腹狐疑，但也许最终还是不得不接受这一切，哪怕心尖滴血。这种失望会凝结成重新亲近的危机，童年阶段的早期母女关系——二人那种也许同心同义的关系——再也无法重建了。最终建立起亲近的母女关系的愿望至今无法实现，但显然一直存在于女性幻想中，这一希望的落空是危机的另一种表现。最好的情况是，母女之间建立起一种良好的、相互信任的关系，二者在其中相互了解、彼此欣赏，接受各自不同的女性形象。

女儿脱离母亲

女儿与母亲的脱离发生在错综复杂的环境中，这也进一步加剧了母女各自的个人问题。

缺乏自信的母亲

桑德拉·斯卡尔（Sandra Scarr）在她的《当母亲工作时》[1] 一书中说道，如果母亲拥有且热爱其工作、事业，那么女儿成为女人时也会更自信。即使在父辈主导的世界里，她们也更愿意独立处事。也就是说，母亲更自信，她们的女儿本身便也会更自信。反之亦然，如果母亲的自我价值来自家庭成员的承认与

---

[1]　斯卡尔：《当母亲工作时》(*Wenn Mütter arbeiten*)。

接纳（而非外部的工作），那么女儿就要花更多精力去建立女性自我价值。尤其是人们对母亲的接纳一般不会日益增加，而是日益减少：人们会为了脱离母亲而指责她；经验也告诉我们，即使是最温柔甜美的宠溺，也会很快变得稀松平常。

对于女性的接纳，主要是家庭成员对主妇和母亲的接纳，可能会在孩子脱离时达到低谷。不仅如此，这也更关乎一个事实，即女性在我们的文化中仍旧总被贬低。有些贬低比较粗暴，比如，一个处于青春期的男孩与父亲一致认为，"只有母亲"有反对意见，而父亲也不纠正这种说法。这与另一种微妙的贬低策略有所不同。后者的表现诸如：男人的论点（被认为）显然比女人的更有分量；女人虽然被允许做很多工作，但决策的时候并没有发言权；以及男人掌握发言权，也随之总为自己争取关注，而女人的声音则更少被听到。进一步来说，微妙的贬低策略还体现在人们怜悯的眼神之中，他们也会给女人提供许多她们本不需要的帮助。继而，女人终究会因为这种不断体会到的无助感而陷入病态和忧郁。[1]

---

[1]　赛里格曼（Seligman）：《学会无助》（ Erlernte Hilflosigkeit ）。

女性是尤其被隐性贬低的性别，女孩们从小就隶属于此，改变并非易事。然而，如果自己的母亲和家里的男人们都意识到这种微妙的贬低，并且试图做些改变，如果我们对这种始终盛行的女性形象心怀警觉，一切会变得简单许多。

"纠缠型母亲"——一种误导性的表述

心理学经常使用"纠缠型母亲"这一术语，指涉的情况有很多：其一，指不愿放开孩子的母亲，她们不让孩子按照自己的方式生活；其次，也指男性或女性的母亲情结，这种情结束缚了他们，比如，让他们无法独立自主。

克里斯塔·罗德–达克瑟（Christa Rohde-Dachser）也指出 [1]，"纠缠型母亲"的说法源自对母性、女性的恐惧。"纠缠"这一表述清楚地表明，女性是危险的，这也就不自觉地成为贬低女性的另一个原因。在由男性创造的深层心理学领域，"纠缠型母亲"的表述与地母神和母亲原型相关：生命中的母性特征由不同的母神代表，象征"纠缠型母亲"的是死亡女神，她将

---

[1] 罗德–达克瑟：《我内心的女性想要如何》（*Was will das Weib in mir*），第 94 页及以下几页。

之前慷慨给予的丰富生命重新带回子宫的沃地。出生与死亡是女性特征的两种原型，一直为女神形象所象征——即使死亡这种特征也不例外。妇女生下孩子，他们的生活中有苦难、痛苦和死亡。但是这并不意味着，要将这种生命特征投射到具体的女人身上。将生活中的苦难、痛苦和死亡归咎于她们，也是荒唐愚昧的。但这些情况恰恰又会发生，诸如，随意使用"纠缠型母亲"的概念，继而自然而然地将这一概念投射到具体的女人身上。哪怕她们也许只是有点难以放手让孩子进入生活，就因此成为"纠缠型母亲"。如前文所言，这种表述暗示了对母性的恐惧。而其背景是复杂多样的：有一种或多或少不无道理的恐惧——对于无法独立自主，反而在生活中回退着陷入泥沼的恐惧。比如，他们会寻找一位好母亲，从而能够一辈子都活得像个被宠坏的儿子。此外，由爱激活的母亲情结，也可能让人极度依赖某一个女人。但这都不能作为笼统使用"纠缠型母亲"这一概念的理由。相比之下，关于赋予生命的母亲的讨论就少得多。在看待女性和母性的诸多可能形式中，她们危险的一面更广为人知。个体的母亲不可避免地被拔高和理想化了，这些形式被转嫁到她们身上，让她们同时成为生命的赠予者和夺取者。但她毕竟就"只是"女人罢了，不是什么女神，因而作为回报，她们自然也不得不被贬低，而这一切是我们无法接受的。我们这一代的母亲尤其苦于这种恼人的情形，上文所述是其中一个方面，这种情形也同样造成了对于母亲角色不无矛盾的评价。

对于女人和女孩来说，这种投射令人恼怒，她们意识到有些非常危险、至少是矛盾的东西与女性的存在密切相关，或者也许她们甚至无法辨认和看透这些怪异的东西，只能隐隐感觉到。

基于这一联系，人们近来开展了很多关于意识形成的工作：女性身上不同的女神形象被更多地发觉和描述，其中不仅仅有母神，还有爱神、智慧女神、"聪明女人"[1] 等。并且，母神也绝不都是纠缠型的。这种大规模尝试是由许多女性承担的，让女性得以意识并热爱她们存在的原型根源。它提供了女性存在的形象，并且通过个人想象的塑造，它们也可以变成自我形象。在我看来，至关重要的是，我们要放开一

[1] 里德（Riedel）：《远古的新经历中的智慧女人》（*Die weise Frau in uralt neuen Erfahrungen*）。

切，努力通过自己的想象改造这些原型形象，使得它们与我们的个性化过程相符，让原型形象不再仅仅是外部强加给我们的自我形象。

所有这些女性特质的模型也对应着一种典型的关系形式，即特定的性形式。但在这里也同样适用的是，对大多理想化的原型形象的认同，并不能让我们确立自我形象和自主的身份认同；只有对原型形象进行加工和对抗，才能促成自我形象的形成。在对原型女性形象的意识形成问题上，人们也越来越渴望看到女性榜样，一定程度上，女性传记就体现了这一点。

人生谎言和人生轨迹的寄托

由于母亲在对待自己的生活角色时，似乎并不总是诚实的，这也使女儿脱离母亲变得更加复杂。因此，人们一再听到母亲告诉自己青春期的女儿，拥有丈夫和孩子的生活是相当值得追求的；直到很久以后，人们才发现，尽管母亲建议女儿过这种生活，但她们其实对自己的人生规划并不满意。中年女性经常指责自己的母亲，称她们将不值得的人生规划渲染得很有吸引力，并谴责母亲维护所有以王子为中心的童话故事。

女儿们还提到了寄托人生轨迹的问题：人生不如意的母亲倾向于把自己未经考虑的愿望和可能性投射到女儿身上。母亲没有成功达成的，要在女儿们的人生中实现。因此没有走过的人生轨迹被寄托到下一代。这种寄托比较容易处理，前提是，要意识到并懂得与它划清界限，当然这些也是儿子们的必经之路。但当母亲的表达充满矛盾时，问题便产生了，例如，她们明确地告诉女儿，女人只有通过自己挣钱才能独立，相关信息就是："找一份工作！"但潜意识中，母亲也在暗示着，她们认为，没有孩子和家庭，就无法成为真正的女人。更棘手的是其中的隐含信息，即母亲认为，"不要再活一遍我这样的人生，但也不要超越我的人生范围"。

这些寄托是由于母亲一生中成就寥寥导致的，但对女儿来说，它们却是沉重的负担。母亲对于女儿生活方式的反应自相矛盾，因为对于经历过很多失败的女性来说，让她们毫不嫉妒地看到下一代人轻松地在职业、人际关系、性行为等方面做出尝试，是无稽之谈，但这种反应也使女儿左右为难。

除了这些在母女脱离过程中可以发现并克服的普遍问题以外，还有二者之间非常个人的问题，这些问题源于各自的生活经历。其中并不少见的情况是，在自己的母女关系中一直未被解决或意识到的问题，会在下一代身上重演。

虽然存在这些困难，但若要让女儿真正找到自己的女性身份认同，寻回独立自主的自我，允许她在人生进程中不断实现自我，在分离、脱离和失去中重新回溯自身，就必须完成脱离活动。基于越来越独立的自我，她可以通过做自己、接受自己、认真对待自己，从心底知道自己的价值，而不必通过他人来进行确认。如果这是她的人生选择，通过立足于自我，她也能够与男人和男性世界建立平等的关系。[1]

---

[1] 卡斯特：《夫妻》，"如兄妹般相处的夫妻"（Bruder Mann und Schwester Frau）一章。

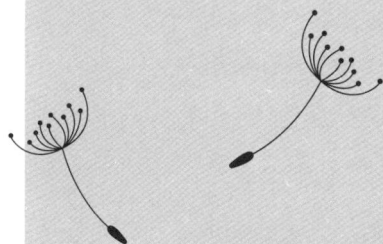

看似不可能哀悼时，
如何脱离

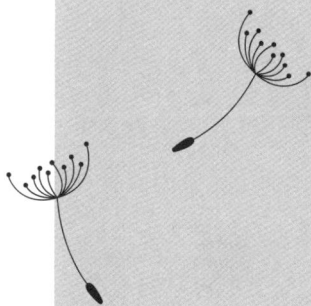

08

五十二岁的安娜感到自己的生活空虚乏味，她的睡眠质量很差，醒得很早，随后就开始担心自己的孩子，这些担心无法具体言明："他们可能在人生中进展不顺。""他们可能走投无路。"倘若孩子们外出旅游，她便"每分每秒都处于煎熬中"，直到孩子们平安到家。她的丈夫最近也"焦虑不安"，他身居高位，感觉自己被那些想要不断革新的年轻同事逼入窘境。"他的情况也不太好"，因此安娜必须尽最大努力确保家里的气氛能让他放松下来，便没有把自己的艰难处境告诉丈夫。

"他有时还说，你现在一切都好，没什么事要做，肯定顺心如意。我总是信赖他，但这个论断却大错特错，我过得一点都不好。我睡不着，早上显然也不在状态。我感觉很糟糕，觉得有很多事情要做，但自己应付不过来——我丈夫不承认这一点——一切都乏善可陈，但我又无力改变。现在这莫名其妙的背痛又缠上了我，医生也束手无策。有时候我觉得浑身都在痛……"

除了在床上忧心忡忡地躺着的那几个小时外，安娜一直很忙碌，但她并没有感到充实，甚至觉得无聊。她尽力想让丈夫生活得舒心，但在长时间的交谈后她发现，虽然自己把这看作职责，但丈夫却不以为然：她觉得丈夫将这一切都视作理所应当。她听不到任何表扬，相反，丈夫还时不时对她评头论足，说她明显慢慢老去，说她不复往日活力。

黎明时分，她闷闷不乐的思绪都绕着孩子转。这表明，这种相当明显的抑郁情绪背后的问题可能与孩子或者脱离有关。衰老问题似乎也给她和丈夫平添许多困难，虽然两人都没有意识到这一点。

谈及脱离相关的问题时，安娜首先是虚张声势，自我开解，她说"这是所有父母的必经之路"。所幸自己的孩子们都过得很好，但她不得不承认，"可惜"的是，自己很少得到孩子们的"回报"，亦即很少被他们关心或照顾。但"可惜"如今都是这样。这也不可能是她总体状态不佳的原因，虽然她很想念自己的孩子们，但这是必须克服的……

对丈夫的担心难道不是安娜失眠可能的原因吗？这种担心难道不合理吗？也许她的丈夫处于危险之中，也许很快就会去世，或是得了绝症？我们永远都无法知道与自己关系密切的人将会何时去世。我向她确认，她是否觉得自己要特别地纵容丈夫，给予他一些自己可能从未付出的东西？不，她并不，也不曾这样想。她倒是无法抗拒地感觉丈夫终于可以为自己做些什么了。在她谈到丈夫时，我们可以很明显地感受到她的攻击性，这种攻击性也表现为在抵抗死亡的愿望中体现的对死亡的恐惧。此外，也能从她的论述中听出担心，她害怕在生活中无法得到应得的东西。

具有明显抑郁型人格结构的人总是适应他人，他们对此习以为常，经常忽视自己的愿望。如果他们能冒着被拒绝或者被误会的风险，明确表达出对身边人的期待，会是很大的优势。不过安娜还没到这一步：她想不出丈夫能够或应该为自己做什么具体的事。毕竟在当前的关系中不满的缘由尚待理清，安娜认为，成年的孩子们不懂得回报，那么她是否将自己对于成年孩子的怒火投射到了丈夫身上呢？这一问题也并不明朗。

我尝试着开启她的哀悼活动，让她回忆两个女儿、一个儿子各自激发了自己身上的哪些特质。然而她一连讲了几个小时孩子们过去的样子和表现，却丝毫没讲自己被唤醒的部分。这些表述中越来越清楚地传达出的信息是，她曾有世上最棒的孩子，但现在孩子们和其他人混在一起，被他们带坏了，因而自己也不应该再向他们索取什么。实际上，她已经失去了自己的孩子。她也说道，儿子确实更频繁地来看望她，大约一周两次，在她感到脆弱的时候也可能会来三次，但是他的女朋友却明显不乐意。安娜没去验证，但很确定事情就是自己想的那样。

生活状况的转变使她陷入攻击性的情绪之中，而这种攻击性指向了家庭系统之外的人。他们由此变成了敌人，始终带给她威胁感，让她越来越恐惧不安。她在新的生活处境中一定感到痛苦不堪，讲述的时间越长，我就越能感同身受。即使将她的描述当作极端夸大的情景，也能够清楚地体会到她对自己愤怒之情的压抑，她不得不这样做，因为这种情感在她看来是不应该出现的。她的描述还给人留下了一个印象，即孩子填满了她作为家庭主妇的整个生活。丈夫和她是富有热情的父母，成年后，孩子们也以自己的方式表达感激：邀请父母参加自己的聚会，或者如其中一个女儿，跟母亲约着每两周一起去徒步几小时。站在外人的角度，孩子们绝对已经回馈了很多。安娜却不这么看，她认为一切都应该保持原样，任何别的回报都远远不够。

这些难题也让安娜倍受困扰，她承认自己近几年的健康状况不如以前，变得不再活泼、开朗、坚韧，这可能都与更年期有关。现在她已"渡过难关"，但处境却每况愈下。

她坦然讲起自己的过往——一段在我看来是女性常有的经历。安娜家里有六个孩子，她排行第二，也是第二个女孩，她后面接着四个男孩。父亲是个"强健的男人"，掌管秩序，决定家事。母亲相对安静，将自己奉献给了家庭，晚年受苦，六十四岁去世。直到她突然倒下、生病的时候，家里人才意识到母亲的存在，才明白她肩负着多么巨大的工作量。

在认同母亲的过程中，女性学会了"为男人存在"。安娜不无骄傲地讲述着这一点，讲述母亲与她们姐妹俩在家务中是多么娴熟，自己做这份工作是多么快乐。但事后看来，如今她常常想起自己的母亲，她问我，母亲难道真的不曾有过其他愿望，不曾感到委屈吗？然而父亲曾说，家里过得很好——每个人都过得很好。安娜没有工作技能，她曾前往瑞士的法语区做家政，在那里结识了丈夫。彼时他在上学，住在寄宿家庭里。"他对于生活的见解和我父亲差不多，我很喜欢他，他很开朗，比我的父亲更有气魄。"两人相识的时候，她才十七岁，安娜的父母却坚持让她满十九岁才能结婚。在那期间，丈夫在英国学习英语，她则返回自己父母家，协助母亲做了很多工作，想办法筹备自己的嫁妆。

婚后，两人搬到了邻近的城市，有了自己的第一栋房子，她觉得一切都称心如意，不久后的怀孕也让她兴高采烈。然而，三个孩子的出生间隔很久，这是她始料未及的。安娜的受孕越发困难，因而第三次怀孕给她带来了前所未有的喜悦，此时她已经三十二岁，距离第二个女儿出生已有八年。之后，她成了全心全意为孩子付出的母亲，对于性生活的兴趣急剧下降，丈夫似乎也同样乐意做一个干劲十足的父亲。

很长时间之后她才提起，自己曾有过几次流产，通常是在怀孕初期，大约两个月的时候。流产的次数无从确定，她后来也认为没必要，因为"那件事"总归会发生。然而，随着治疗对话的逐步展开，她对自己的流产难以承受这一点，越来越明显地体现出来。安娜后来也偶尔会悄悄问自己，她究竟算不算一个正常女人。丈夫反复跟她确证，说她是个绝佳美妙的女人，由此才驱除其忧虑。

这段人生故事值得关注之处在于，父亲与丈夫之间的转移非常具象，也就是说，安娜从父亲手中被交到丈夫手中，而她也对此心甘情愿。尽管母亲在其原生家庭的构建中功不可没，却毫不起眼，我们仍可以看到：至少女儿安娜认同母亲。她按照母亲的模式生活，做母亲也许曾做过的一切事情。"母亲很能干，实际上我一切都是从她那里学来的，我希望能像她一样把家务做得那么好。"

没有与父母的对抗，没有父母情结。安娜一方面在对母亲的无意识认同中生活，另一方面也活在对母亲和主妇角色的认同中。她只能发展出非常有限的自主的自我。而如今，生活却迫使她设计新的身份，这也许是她第一次寻找非派生身份，分离、回溯并组织起独立的自我。但起初这种独立自我并不存在。一直以来，安娜为男人存在，照顾他人和满足他人的愿望，从中获得人生意义。她永远无法理解，女性究竟为何会在她这个年纪产生"身份问题"，为什么她们对女性角色如此不满。对于同龄女性的不满，安娜自己给出的解释是，她们婚姻不幸、子女失败，因而无法充分发挥自己的能力。然而，自己的两个女儿未婚，视婚姻为坟墓，不再认同自己和自己对角色的理解，而是与之形成鲜明对比——这一切又让她非常忧心。两个女儿都乐意投身职业生活，也都身居要职。"父亲对她们的影响确实更多，让我感觉有点陌生。"

很明显，这种抑郁的愤慨与不可避免的脱离紧密相连。安娜不仅与孩子们分离，同时也告别了母亲角色。然而一开始，哀悼活动无法进行，因为她没有那个可回溯的、借此勾勒新生活的真正的自我。如果我能直截了当地告诉她现在该做什么，那她再乐意不过了。

荣格的治疗法会借助梦境或者想象等传递的象征[1]，从中记录下产生于个体心理的自我塑造冲动。人若是能感受、思索、整合这些象征，就能够不断接

---

[1]　卡斯特:《象征的动力》。

近自我。如果能够更加仔细地观察精神分析者与被分析者的关系，那么就能在这项旷日持久、细致入微的活动中建立起非派生的身份认同。毋庸置疑，在这一过程中，会出现来自丈夫、儿子的外部要求（尤其是一些臆想的外部要求）和内部要求的冲突。

比如，安娜总是认为自己要无微不至地照顾丈夫，虽然这种照顾从未被明确言说过。这种认定与其梦境形成鲜明对比，在梦中，她温柔地拥抱丈夫，丈夫却大口喘气，谴责她让他感到窒息。

在这种对梦境的想象性阐述中，梦者在放松的状态下再次沉浸于梦境的图像中，这些图像得以变幻和讨论[1]，她意识到这种"深爱"确实给了丈夫很多压力。事后，她问这究竟还算不算爱，难道不更像是一种仇恨的表达吗？我们将这种仇恨视为一种迹象，即她给丈夫留下的空间太小了。攻击性情绪首先让人际关系出现裂缝，这也要求我们在关系中要确定界限，要更多地维护独立自我而非关系自我。那么，仇恨则表明一个事实：我们常常太久不曾划清界限，而现在

---

[1] 卡斯特:《作为自由空间的想象：我与无意识的交谈》（ *Imagination als Raum der Freiheit. Dialog zwischen Ich und Unbewußtem* ），奥尔滕：瓦尔特出版社，1998 年。

就需要费心做这件事了。

安娜还梦到过一些同龄或者更年长的女人，她们在巴黎居住，说着一口优雅的法语。这些梦触发了她内心深处的热切向往：她期待着也能在巴黎自信地漫行一次，就像梦里的这些女人一样。但问题不仅关乎优雅的法语——她在少年时期学过法语，虽然现在也都忘得差不多了——而且牵扯到情欲幻想：一个不能再生育的半老徐娘，独身一人在巴黎能经历点什么呢？女儿们虽然从没具体描述过，但她们都有着丰富刺激的性生活，这自然也进一步增进了母亲的幻想，激发出了对她而言似乎迷人又无耻的女性形象。

这些开放的图像昭示了新的潜在的未来，与另外一些图景相对立。在后者中，她面前站着权威人士，主要是些年长的男性。他们斥责她，或者当她在梦中想要真正登上去巴黎的火车时，单纯用蛮力抓住她。

这些梦印证了安娜的生活感受，即在这样的年纪做出改变根本是妄想，最好还是让一切保持原状。

这种心灰意冷又让她进一步陷入抑郁，但她发觉自己其实并不抗拒开拓出的变化过程，哪怕要承受相应的焦虑不安。她与丈夫的关系在这段时间发生了显著的转变。她能够表达愿望了，丈夫惊奇地发现妻子突然有了欲求，包括性生活方面也是如此；他欣然满足了这些愿望，发现二人的关系变得更加和谐。当安娜学着提出愿望时，却被更大的焦虑纠缠：如果丈夫不遵从自己的意愿、如果他拒绝自己，甚至彻底抛弃自己呢？过了很久她才意识到，其实更可能发生的情况是，自己离开丈夫，而非他离开自己。她将丈夫理想化，当作最后一道壁垒，这都是为了不必承认二者关系的一团糟。

当然，在这里我只能描述整段漫长治疗过程中的一小部分。经过两年的治疗，有一类梦增多了，在这些梦中，她总是朝一个不认识的年轻男人头上泼洗衣水；把他关在车里，然后咧嘴笑着，幸灾乐祸地把钥匙扔进湖里；甚至还有一次，她开枪打死了他。

我们首先从主体层面来理解这些梦，即她把年轻男人视为自身的一种性格特征，这种特征始终被千方百计地阻碍着，无法在生活中发挥作用。在幻想中，年轻男人具有攻击性，很邪恶，是个摧毁旧秩序的"革命者"一类的角色。我们了解到，这时候，她个性中的"革命"因素已经相当活跃，逐渐脱离原始范围，给她造成巨大的恐慌：她越发能感受到自己攻击性的一面，这种攻击性越来越难以压抑，并且会投射到其他人身上，这一切让她感到害怕。

她顺带提到，这个年轻男人穿着儿子的运动鞋。这双运动鞋是母子不和的源头：母亲觉得成年男性不应该穿运动鞋，儿子却觉得母亲不应再管教成年的孩子，不该规定他穿什么鞋。认识到年轻男人跟儿子一样穿着运动鞋，她怒火中烧，这是对儿子的怒火，恼怒他早早离家和女朋友同居，恼怒他身上很多让她不满但此前自己从未挑明的性格特质。

她在与我的关系中也突然表现出巨大的怒气，一种莫名其妙但并不是针对我的怒火。在某一瞬间，我几乎被视作一代妇女的代表，她们"随随便便"就掌握了工作技能，能自己挣钱，自主独立。她们当然不会煲汤，却鄙视家庭主妇。我一再尝试告诉她，自己能够理解她的怒火：女性可以开辟不同的道路，这一点她从女儿身上也能看到。倘若一个人想要走上某条路，却因为某种原因受到阻碍，的确可能充满愤怒。但我也对她表示，我对身为母亲和主妇的女性没有丝毫轻视之情。当然，未曾开拓的道路在某一时刻的确更吸引人，而此时，她不仅经历着每个女性在踏上另一段人生道路时的基本问题，还把对女儿们的愤怒转移到了我身上。

即使有些孩子早已成熟，但在脱离孩子的过程中，我们经历着怒火：她突然意识到，与其说愤怒是因为运动鞋，不如说是因为儿子悄悄从自己的控制和保护中溜走了。如今她能让悲伤彻底地倾泻出来——对于过去处境无法再重建的悲伤，对于一个人生阶段终究过去的悲伤。如今，她能真正进行哀悼活动了，也理解孩子在自己身上唤醒了某些永不消逝的东西，只要我们这么认定，这些东西并未与孩子一同离开。现在她将丈夫也拉进了回忆活动中，他觉得，在将与孩子的关系从实体拉回意识之后，与孩子们的现实关系和缓了许多。他现在也承认，一个人生阶段已经过去，他与妻子不得不迈入老年。脱离孩子不仅对母亲而言充满坎坷，对父亲来说也是如此。

这个例子说明，只有存在可重新组织的独立自我，才能展开哀悼活动。拥有派生身份的女性通常有着抑郁型的人格结构，她们的身份一般都是角色身份，是按照社会期许塑造的。她们为别人而活，常期待别人的认可和重视，几乎只在他人的镜像中认识自己，而意识不到它们有时是会把人扭曲的"哈哈镜"。她们难以完成哀悼过程，尤其是与自己的孩子脱离时，因为这会带来身份问题：母亲角色失去了内容和目标。

即使经过治疗，这些人也无法像拥有充分独立自我的人一样，轻易开启哀悼过程。她们首先要致力于发展独立自我，随后真正的脱离才能实现。

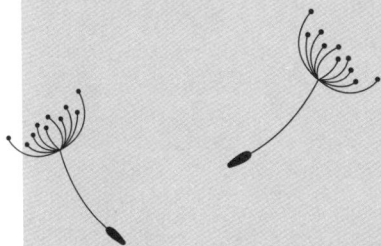

在职母亲的脱离问题

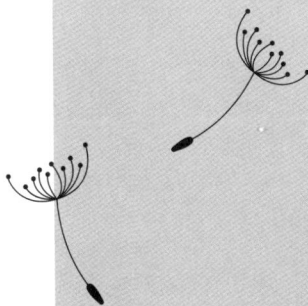

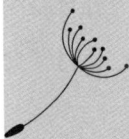

09

上述例子可能会引起这样的印象：只有作为家庭主妇的母亲难以与孩子们脱离。的确，她们可能在这方面更艰难，因为相比职业女性，主妇们的生活仿佛顷刻间被颠覆，生活失去重心，也没有可以相提并论的其他事情能够弥补。她们甚至可能还要付出大量的精力和体力劳动去照顾年迈的父母，无暇、无力选择去建立对自己生活至关重要的方面，为此投入剩余的时间真正去增进满足感。

但是脱离孩子过程中的痛苦，不仅仅源于人生一个阶段的告终，抑或是人生一项核心内容的中断，还源于女性或多或少开始迈入更年期，开始探究自身的女性存在问题。因为从这一阶段开始，女性不再能简单地凭借生物条件定义自己，不再能从性吸引力和生育能力中获得自我价值。女性无法再像以往那样，在琐碎关系所构成的生活中建立具体的关系，并由此感到痛苦。争论、亢奋、恼怒、柔情，这些年轻人拥有的动态能量都化为泡影。有得必有失，如今女性失去了曾经珍视的宝贝而获得自由，但是这新的自由并不能取代丢失的东西。即使职业女性有其他的职责和志趣，不单单着眼于孩子与伴侣，也无法对这种失去只字不提，淡然处之。然而，与作为家庭主妇的母亲不同，职业女性能像父亲们一样，一头扎进工作，暂时假装自己乐得甩开部分家庭事务，从而更好地抑制丧失感。但是脱离过程也会对她们产生影响。对她们而言，在克服脱离的哀悼过程中，比起职场问题，更重要的是自我而非派生身份认同的问题，重点在于探寻自己能否允许身份认同发生改变，能否聆听并接受生命进行变化的召唤。

安格拉拥有一家时装商店，并为此感到自豪。她婚后一直在店里兼职，并在女儿十四岁时接手了这家店。安格拉来接受治疗时，二十二岁的女儿已经离家数年。而现在，四十五岁的她无法理解自己：她发现自己最近的情绪忽冷忽热，郁郁寡欢。她突然无法认同自己与丈夫的关系，尽管她认为两人实际上已经"言归于好"。而且直到最近她还一直想着，他们确实是能一起把日子过好的，只是比起夫妻更像配合默契的队友，对她来说，这样的关系反而比"如胶似漆的爱人"更舒心。她还在想，即将来临的更年期是否会有一些预兆，但她并没有感觉身体受到任何负面影响，也没有发现任何生理变化，便打消了这个念头。

在治疗过程中，她讲述了自己的生活，讲到那些艰难险阻和志得意满，很少加以美化修饰，也不会为了显得跌宕起伏而"卖惨"。从她的讲述中，我看到一个干练的女人与自己在某种程度上达成和解，她解决了婚姻与家庭中的争端，不再耿耿于怀。她总是量力而为，因此也能安分知足。安格拉很清楚，如果没有家庭以外的工作，自己将"无法生活"。她虽然能从孩子那里获得快乐，但时间一长便觉得吃力。她想起在儿子和女儿分别只有四岁和两岁时，自己每时每刻都在照顾孩子的那段时间，她第一次感觉"在家待得要发霉了"，告诉丈夫自己要做些改变。原先她只在时装商店工作一个下午，但在夫妻二人的配合下，她得以多待两个下午。令人惊讶的是，对已经成年的孩子们，她知之甚少，比如，她不知道儿子合租房的地址，尽管他已经在那住了四个月。她越来越接近完全对孩子不感兴趣的母亲形象（"我总是注意让他们尽快独立，尽量不干预他们的生活"），表现得非常尊重孩子的隐私。这一形象与她在孩子成长过程中的母亲形象截然相反。虽然正如自己强调的那样，她热衷于鼓励孩子的独立性，但她自然也对孩子感兴趣，比如，她会与孩子以及他们的朋友们一起，穿上自己设计的服装，在舞台上表演孩子们最爱的电影片断，就说明了这一点。

我怀疑这位母亲陷入了"不愿承认阶段"，她否认的不是脱离，而是对孩子的兴趣，似乎自己的孩子已经死去。我在治疗中说了这样一句话："在我看来，您的孩子好像已经去世了。"这句话让她吓了一跳，因为她的儿子最近也对她说过，就算他死了，她可能也不会注意到。

现在她恍然大悟，原来自己只是简单抑制了脱离过程，而这主要是因为她过于投入时装商店的工作。她的丈夫也有类似反应：他刚开始与同事一起单干，正为过多的计划和方案而忙得团团转。

但安格拉也清楚，自己的风格是不带感情地宣告一件事的结束，以此减少感情纠葛。

可能也是出于这一原因，她那么享受与丈夫间可靠的队友情谊。

安格拉意识到了自己的压抑，随即对两个孩子产生了深切的同情，因为自己曾如此糟糕地对待他们。她在内心向他们道歉，而表面上则小心翼翼地重新接近他们。在我看来，重要的是她首先解决了内部问题，而不是直接扑向孩子。因为孩子们也正经历脱离母亲并与之划清界限的过程，他们暂且还只是抱怨母亲对自己的关注太少，觉得时装商店才是母亲的"心肝宝贝"。安格拉开始思考负罪感的问题：自己是个称职的母亲吗？自己是否也许根本不该要孩子，因为自己根本就不是所谓的"热心母亲"？就像所有在职母亲那样，她开始问自己有没有安排好母职和工作、这样的"双重负担"是否合理等诸如此类的问题。

她为自己找到了答案：她清楚地知道，主妇的职责无法充实自己的生活，也不能让她满足。如果没有这份称心如意的工作，她可能会成为一个更不耐烦的母亲。她还告诉自己，丈夫也参与了孩子们的生活，如果必要的话，他同样也可以为他们付出更多。不过，由于两个孩子看起来都很满足，她最终觉得自己能够放下这些负罪感。从此，她可以为人生的下一个阶段寻找一个对待孩子们的合适态度。

她对孩子的气愤并不是故意的，她认为：孩子们有着比自己明显更好的条件，正在以此为起点，建立属于自己的生活；他们的生活轻松惬意，能尝试丰富多样的可能性，小日子过得创意满满。她意识到自己对孩子的嫉妒，并且显然无力处理这种嫉妒，便总认为孩子们至少应该认真工作一次，"把钱揣进口袋"，诸如此类。她想阻止那些嫉妒对象，制止他们继续激发自己的嫉妒，恨不得"让他们去死"。

这种巨大的攻击性背后的原因是什么？在开展回忆活动时，当我问道，孩子们到底为她的生活带来了什么，她激动地讲述起孩子如何激发自己的创造力——而且是在完全不同的层面上。特别是大一点的孩子，在他们长到近二十岁时，有很多奇思妙想。他们把创意十足，甚至有些不着调的朋友们带回家，一起讨论项目。家里总是弥漫着让人灵光闪现的氛围，再加上即便没有说出口，但能感受到的信念，即世上没有什么不可为。讲着讲着，她突然想起什么，说道："自从孩子们不和我们住开始，这种情况就不复存在了。一切都过去了，我讨厌他们，但也羡慕他们。"当她意识到失去这种生活体验的痛苦时，嫉妒心瞬间崩塌瓦解了。她非常清楚地感觉到，自己如今在生活中惦念的东西并非唾手可得。她感激自己在那些美好时光里的经历，也能察觉到自己被激发了创造性的一面。但无论每天坐在一群富有创意的年轻人中间，是不是她几乎迫不得已的选择，或者是否偶尔会被他们的天马行空惹得心烦气躁，抑或意识到自己有时也能独立创造灵光乍现的氛围，此时此景都已截然不同。

安格拉现在明白自己为什么突然觉得丈夫无趣了：他本应取代孩子们，唤起曾经的氛围，鼓舞人心，却做不到。主要原因是，他因忧虑而心事重重，也因为他一个人不可能唤起年轻人的氛围。是的，事实证明，他也想念过往，虽然不如妻子那样兴奋，但他至少也受到了激励；即使他经常觉得那种气氛"不切实际"，是"海市蜃楼"和"白日做梦"。

克服这种怀念所需的时间并不长，安格拉和我有过约二十次面谈。一旦开始了哀悼过程，她就能够通过与丈夫、孩子以及处于相同境地的女性的交谈，来处理自己的问题。安格拉的身份认同是非派生性的，她能够对其进行回溯和构建，也能改变它。她明白，生活中有些本质的东西发生了变化，为无法一如既往地把自己看成理性的人而痛苦，发现自己总是为相互矛盾的情感所困扰。她也许希望自己的孩子，特别是女儿，能够变得自主强大；另一方面却也希望他们能留有一些依赖性，这样她就不会失去全部的生活意义。她一直在想，如何能够努力为自己创造灵感时分，哪怕只为那不足挂齿的灵光一闪。

海蒂的脱离过程则截然不同。她生了五个儿子，最初，她只是小时制的兼职教师，直到最小的儿子十五岁时，工作量才达到百分之八十。海蒂来接受治疗时已经五十三岁了，她感到自己的生活索然无味，觉得在家庭和工作中负担重大，并认为这是自己"对生活兴味索然"的根源。她不知道该如何反击，感觉即便自己已经筋疲力尽，但也得"全线战斗"才行，这些用词表明，她幻想自己实际上处于一场战争中。但她并未谈及冲突，只说到感觉别人对她的要求太苛刻了。家里全是男性，因此她非常喜欢女校教师这份工作。她在等待别人告诉自己要去做什么，或者最好告诉自己别去做什么。丈夫不甚理解，认为其反应自相矛盾：所有的儿子都还在家时，她尚且能够得心应手地处理比现在更多的工作，现在只有小儿子在家，她反而觉得工作多到无法承受。

引起我注意的一点是，在交谈中，海蒂能把丈夫的观点传达给我，也包括儿子们和学校同事们的意见。但是，除了感到疲惫这一点外，她很少谈论自身。她与自己的问题保持距离，留有分寸。

我想起了她丈夫的说法，儿子们都在家时，她明显情绪更好，所以我让她跟我讲讲那段时间的事。她兴高采烈地讲起自己的孩子们，也谈到工作和母职之间的冲突。她的丈夫同为教师，非常愿意帮衬家里，因此两人相互协调，得以履行那些家庭责任。丈夫言之凿凿，让她相信自己一定能够两头兼顾，也正是丈夫给予了她重新工作的勇气。她曾与孩子保持着亲近紧密的关系，但当孩子们长到十七八岁时，一切都变了样——他们突然变成了"痞子"。她的声音透出愤怒，也伴有哀伤。海蒂与其中两个儿子的关系特别亲密，他们总让她觉得，自己是个极其出色的女人，比如告诉她穿某件衣服很好看。然而，正是这两个儿子，现在各自建立起了紧密且排外的爱情关系，旁人都无法介入其中，连她也很少再见到他们。说到这里，海蒂看上去更加无力了。显然，儿子们保证了她身为女性的自我价值，而现在这一保证缺席了。她暗自对儿子们的"排外性"关系咬牙切齿，却无法将其表达出来，不愿承认自己的嫉妒。从理智上来说，虽然她明白自己的"抑郁性疲惫"和脱离孩子有关，而且丈夫也自身难保，让一切变得更加困难；但在情感上，她无法感受到哀痛和愤怒。对她来说，问题的关键在于，如何通过梦境、幻想、转移和逆转，帮助她找到自己的非派生性身份认同。在此之后，她才能向自己承认，在亲密的小男孩突然长成和他人一模一样的年轻人时，在她发现自己在最喜爱的儿子心中不再是第一位时，她经历了何种失去。

在这种状况下，海蒂的工作能给她带来帮助，她的生活因此结构分明，只需履行特定的职责。而在丈夫拒绝告诉她接下来该做什么以后，她变得手足无措，失去了一切兴趣和意愿。因此可以说，工作是其生活最主要的框架。经过长时间的治疗，她才开始了解自己想要什么、对什么感兴趣。

海蒂的父亲是一位精力充沛的教师，指导着妻子，并确保家里的一切有条不紊。母亲总是处于幕后，毫不起眼。她告诉海蒂：尽快结婚是件好事。她也是这样做的。海蒂的丈夫起先在另一个行业工作，在婚后第一年改行当了教师。我们在这一案例中了解到，海蒂没有与父母或他们的人生观发生任何对抗，也未从中脱离。她在抑郁型人格结构中愈陷愈深，在对母亲的认同中过上了最初让自己心满意足的生活。

在职母亲同样会在脱离孩子的过程中遭遇困难，但优势在于，她们并不仅仅被绑缚在母亲角色上。

困难孩子的困难脱离

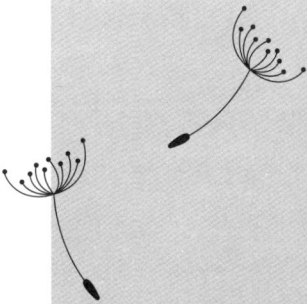

10

我所选取的案例当中，按照母亲们的说法，孩子们几乎都"很有教养"。回忆活动总是不断证实着，这些孩子的确在母亲身上激活了重要的人格特征，或者至少为她们的生活带来了不少活力。所有的脱离过程也都包含着负罪感，这表明我们人类总是免不了对彼此有所亏欠，因而母亲们自然也在某些方面亏欠了自己的孩子。所有上述提及的这些女性的脱离进程都伴随着心理治疗，如今，她们都将自己视作富足的母亲，脱离进程也就随之结束了。自此，她们不再觉得自己被生活掠夺，而是确信：一项曾经是有意义的、值得的任务在一段时间里充实着她们的生活，但这项任务已经终结，或者至少暂时中断了。尽管她们感激与孩子共同经历的一切，感激这段关系能换种方式延续，但她们也总能意识到，自己面对已经长大的孩子时有所保留，未将不满表达出来。例如，一位母亲认为，儿子在亲子关系中完全以自我为中心；另一位母亲难以接受的是，自己的女儿竟轻描淡写地宣称：生孩子让人深恶痛绝。然而，这些保留不再作为改变的要求被带入关系，而是作为标志，让人感知到那些不同的生活方式和观念。母亲们接受了这些特殊习性——像这些习性在别人、在不太亲近的人那里被接受的那样：尽管母亲们能够明显而痛苦地感到，孩子们身上有自己不接受的大大小小的特殊习性，但是自己从始至终都爱着他们。

如果真的不再想着基于自己隐含的不满，去提出什么"改善意见"，不再将这种想法掩盖在情绪化的方式之下，那么，这就表明年轻一代所代表的自主性的确可以被接受了。由此，人们领会到：有些人始终可爱，即使他们在其他方面有不适合我们的特殊习性。

然而，一旦产生另一种印象——即认为一生之中与孩子的相处既无可怀恋之处，他们也没在我们身上激活值得带着喜悦与感激回味的东西，相反，只为我们的生活带来了困难，激发、延续了无力感、愤怒和负罪感——在这种情况下，脱离就变得相当艰难。

如果意识到自己作为父母并不够好，很清楚自己确实做错了，那么脱离过程又是什么样的呢？人们是否很可能因为过错引发的负罪感，而把青少年当成替罪羊，以弥补自己的过失呢？正是这种抵抗形式让问题更加棘手，因为此类被当作"替罪羊"的行为，实际上往往是人们为了转嫁责任，而强行将其判定为"过失"[1]的。

接受自己的瑕疵并不容易，尤其是当这些瑕疵也将对其他人的生活产生后续影响时。我们尝试找到那些在我们看来至少也有着同样多罪责的人，认为他们应该共同承担过错，或者直接认为他们应为所有不幸负主要责任。我们也可能会压抑自己的负罪感，从而经受过度的恐惧，而这些恐惧可能只是源于对未知的一些担心，比如，担心自己在某些方面可能受到损害，或者担心自己过早死亡。此类幻想表现出的是我们不愿承认的对自己的愤怒，于是被遮蔽的死亡愿望表现为对死亡的过度恐惧。人们尝试排斥对自己的根

---

[1] 　　关于过失问题，参见卡斯特的《象征的动力》。

本不满，在我们的文化中，这种排斥也常伴随着对于生活中其他方面成功的追求。这种成功通常是物质上的，而且要大张旗鼓才好。

这样做也许会让人暂时感觉好些，但脱离问题并没有得到解决，我们仍然停留在愤怒、恐惧与负罪感之中。

只有当我们为自己的过失负责，不断更深入、全面地理解自己为何要内疚，才能开启脱离以及相关的哀悼进程。要做到即使在失败中——至少是在我们所盼望实现的理想面前的失败——也"为己负责"，前提是我们能够接受自己的阴暗面。由此，我们获得了一种自我认同，这种自我认同有光明的一面，也有阴暗的一面，也就是说：在身份认同中接受了自己潜力未完全开发之处。只有这样，我们才有可能认识到那些仍待开发的潜力。

不过，这种深度剖析需要很大的勇气，因为我们正是在有意无意间，明白了过错不可避免，明白根本没有什么正确答案，明白无论是过去、现在还是未来，过错总会并且必然反复出现，这时我们才需要通过类似理想化自我能力或者选择道路的方式，来抚慰、改善饱受损伤的自我价值观念。深度剖析一开始带来的是伤害，长远来看却不失为一种处理问题的路径，它使我们摆脱死局，重回进程。此外，这种深度剖析在发展自我认同中也起着重要作用：我们体验到的是自己本来的样子，而不是伪装出的样子。由此，我们与自己的感受更一致、更真切、更有活力，从而通往愈加真实、自主的身份认同。

艾丽卡今年六十五岁了，她在与孩子，尤其是大女儿的脱离中耗尽了精力。大女儿在方方面面都不合她的心意：艾丽卡痛心疾首，女儿经历了两次堕胎，当再一次怀孕时，她决定生下孩子，而且是未婚生育，她声称自己不知道孩子的父亲是谁。母亲发出谴责，明确告诉女儿，千万不要指望自己作为祖母会照顾这个小崽子。女儿则对母亲发难，说："你就是不爱我，总是跟我对着干。我可以做我想做的事，而你永远不会满意。"这明显是在童年和青春期才会反复说的话，而女儿已经三十三岁了。

治疗过程中，艾丽卡对女儿的指责极其恼怒，也表示自己确实看不惯女儿的生活方式：女儿早在青春期就有很多风流韵事、"永远"在换工作（虽然女儿的上一份工作已经做了两年），母亲觉得这都与酗酒脱不了干系。

她完全无法认同女儿的生活，一点都不，也全然不能接受。女儿却似乎一直在等待，期盼母亲最终认可她。

我尝试与艾丽卡一起开展回忆活动，指导她找出女儿在自己生命进程中激发的部分。她却开始叫苦不迭：女儿阻断了自己所有的生活乐趣；自己没有打掉这个孩子，而是为了她，同意与那个品行不端的男人结婚；如今自己已经离婚，孩子却只报以麻烦；女儿在婴儿时期总是哭闹，让自己难以入睡，之后调皮捣蛋，在学校惹是生非，说谎、偷窃。自己用尽百般教育手段，却毫无成效……艾丽卡细数自己为孩子做出的无数牺牲，不仅认为这一切毫无意义，没有回报，反而觉得自己被这个孩子惩罚了，彻彻底底地惩罚。在叙述中可以看出，她在内心并不承认其实自己不爱女儿，不承认自己对女儿的麻烦也在责难逃，也不承认怀上女儿可能让当时的自己陷入了艰难处境。此外，艾丽卡为了加固自我价值感，还比较了自己曾经的行为和女儿如今的行为，从而自我感觉"品行端正"，贬低女儿"道德沦丧"。

几周的治疗中，艾丽卡说起了自己孕育女儿的那段日子，说起过往的艰辛和让她感到孤独的绝望。当时，丈夫觉得只要迅速结婚，问题就能迎刃而解。她很快就意识到自己无法与丈夫真正达成共识，他完全不觉得两人的关系有什么问题。随着时间推移，艾丽卡讲述的语气发生了变化：她不再理想化自己当时的决定，也不再那么关心在抚养幼子成人之前自己必须忍受的后果。而且，渐渐地，她开始与当时生活处境之中的那个女子共情。那时，她几乎要坚持不下去了，感到特别孤独。她对于自己的移情不断加强，从而也能更加设身处地理解女儿。在一次争执中，女儿又悲叹和控诉了爱的缺失，这一次，母亲终于承认了自己并不爱女儿的事实。艾丽卡说出了没有打掉女儿并因此结婚对自己而言的意义，等待着开诚布公之后的憎恨。但是女儿却释然了，母亲描述道，她的反应"近乎温柔"。女儿在母亲那里长久以来反复出现的感觉得到了确认，在她看来，这是母亲一直未证实过的解释。显然，艾丽卡也能与女儿谈论起二人曾有过并延续至今的水火不容了。

接下来的一个阶段里，艾丽卡认为女儿经历的所有波折都是自己造成的，因而饱受负罪感的折磨。好在我们对其经历的评述是在一种较为善意、理解的眼光下进行的，因而这种积极的观点总是能够得到反复讨论。虽然她在完全拒绝女儿时仍总是感到内疚，但如今艾丽卡学会了观察。在这一阶段里，她试图全方位理解女儿，甚至会去美化自己曾指责谩骂的地方。并且在此之后，这种情况越发稀松平常。

她感到非常抱歉，因为自己对女儿长年冷淡。她现在正尝试着变得慈爱温柔，一旦态度冷漠，便有负罪感。然而，她还是很难接受：自己为过上"正确"的生活承受了如此之多，女儿却是这般"失败的存在"。面对他人时，自己很难为她撑腰。但在与其他孩子的对话中，她也意识到，多亏了这场婚姻，自己能够拥有这些带来许多欢乐的孩子。如今她能够从另一个角度去反思自己当时的决定了，明白这是自己当时仅有的选择。照她的话来说，就是开辟两段艰难生活中的一段、犯下两个错误中的一个，她当时所选择的是更合适自己的道路，也就继而选择了自己和女儿现在所承受的命运。

女儿的问题虽然仍然困扰她，但也成为她对于自己整个生活轨迹的表达，她要为此负责，在这一过程中，她的自我价值观念得到了显著加强。虽然步履维艰，但母亲与女儿仍共同开展着对话。

母亲承认自己不爱女儿，宁愿将她从生活中抹去，这种情况下开展的关于共同时光的回忆活动，就将与前文所述的大相径庭。有一天，艾丽卡突然想起，女儿身上也有着非常体贴的一面：她时常会为正感到筋疲力尽的自己端来水果。她也回想起女儿从不会在意他人的眼光，因此也给家里带来很多自由的气氛。这也解释了为何兄弟姐妹们觉得母亲要比"败坏的姐姐"可怕得多，也愿意在必要的时刻帮助后者。

这段对于棘手关系的回忆表明：实际上，即使在这种情况下，孩子也并非只会带来麻烦、激发不适。不过，在很多关系中，许多情感遭到压制和否认，不经意间就会有仇恨在其中发酵，挤占温情的空间，也让相随的回忆无法完全苏醒。

在承认自己曾铸成大错，要为此负责并且承担后果之后，艾丽卡觉得生活更加充满活力，而自己也变得更加真实了。

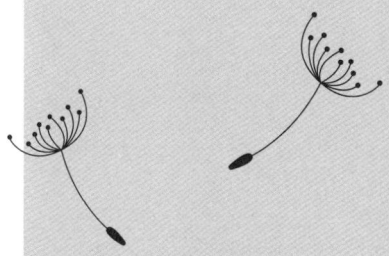

身份认同的核心问题

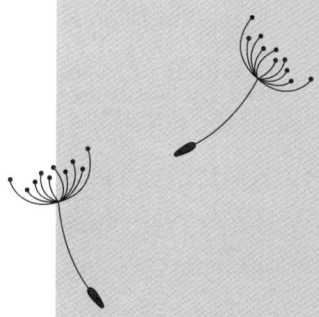

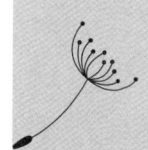

11

每种哀悼情形、每个脱离进程、每次分别和失去，都强迫人们重新审视自己，反思并根据已变化的生活状况重新定义自己的身份；我们可能也不得不惶恐地面对感受不到个体身份的情形。一旦我们承认自己出现了身份问题，并且主动把自己暴露在一些问题之中——诸如，在这种情况下，人是什么、留下了什么、还有什么对人生发挥着作用、我们自己是什么以及愿意成为什么——那么我们就会明确了解到，生命中不可或缺的分离正敦促我们反省自己。通过这种方式，我们不断靠近自我，变得更加独立、真实，与他人的关系也更加融洽。

　　女性在脱离孩子的过程中或多或少都会经历上述

问题，这表明，在重要的脱离进程中，本该早早进行的自我身份回溯和转变，在人生其他阶段仍然能够并且必须得到弥补。女性大多具有一种派生的"被规定的"身份，而如今，她们急需找寻自主身份。

一生之中，女性对于自我身份的求索可推迟，但不可回避。自我身份的问题发现得越晚，女性就越发难以找到适用并维系余生的身份，对于未曾经历的生活的哀悼也就越多。不过，没有任何人生规划能包揽所有可能性，任何人都不可避免地要为不曾经历的生活哀悼。

因此，就像每种哀悼进程一样，脱离孩子们的进程是挑战，也是机遇，置身其中，我们得以更好地重新反思自我。

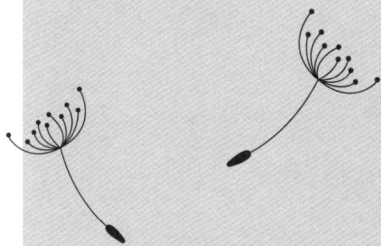

参考书目

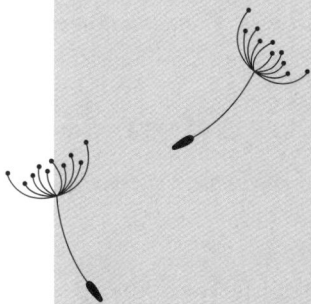

12

克劳迪亚·贝尔纳多尼（Claudia Bernardoni），薇拉·韦尔德（Vera Werder）：《成功而非事业》（*Erfolg statt Karriere*），参见《没有绳索和钩子：女性的向上之路》（*Ohne Seil und Haken. Frauen auf dem Weg nach oben*），慕尼黑，1990年；

鲁宾·布兰克（Rubin Blanck），哥特鲁德（Gertrude）：《应用自我心理学》（*Angewandte Ich-Psychologie*），斯图加特，1978年；

布里吉特·法伦贝格（Brigitte Fahrenberg）：《摆脱"空巢状况"是女性在衰老过程中的发展任务：一个文学分析》（*Die Bewältigung der "empty nest situation" als Entwicklungsaufgabe der älterwerdenden*

Frau. Eine Literaturanalyse），载《老年学和老年病学杂志》（*Z. Gerontol*）19/1986，第 323—335 页；

维蕾娜·卡斯特（Verena Kast）：《哀悼：心理过程的阶段与机遇》（*Trauern. Phasen und Chancen des psychischen Prozesses*），斯图加特，1982 年，1990 年第 10 版；

维蕾娜·卡斯特：《夫妻：关系幻想，或神如何反映在人的身上》（*Paare. Beziehungsphantasien oder Wie Götter sich in Menschen spiegeln*），斯图加特，1984 年，1990 年第 9 版；

维蕾娜·卡斯特：《通往自主性之路：童话故事的心理学解读》（*Wege zur Autonomie. Märchen psychologisch gedeutet*），奥尔滕，布赖斯高地区弗赖堡，1986 年；

维蕾娜·卡斯特：《象征的动力：荣格心理疗法的基础》（*Die Dynamik der Symbole. Grundlage der Jungschen Psychotherapie*），奥尔滕，布赖斯高地区弗赖堡，1990 年；

克利夫·史戴普·路易斯（Clive Staples Lewis）：《关于悲伤》（*Über die Trauer*），苏黎世，1990 年；

玛格丽特·S. 马勒（Margaret S. Mahler）：《个

性形成过程的共生》（*Symbiose und Individuation*），斯图加特，1972 年；

伊夫林·马斯托夫（Evelyn Mastow）、P. 纽伯里（P. Newberry）：《妇女的工作角色和抑郁症：比较治疗中的在职女性和家庭主妇》（*Work Role and Depressing in Woman. A Comparison of Workers and Housewives in Treatment*），参见《美国矫正精神学期刊（第 45 期）》（*American Journal of Arthopsychiatry*），1975 年；

英格里德·里德（Ingrid Riedel）：《远古的新经历中的智慧女人》（*Die weise Frau in uralt neuen Erfahrungen*），奥尔滕，1989；

克里斯塔·罗德–达克瑟（Christa Rohde-Dachser）：《心理分析中的女性范式》（*Weiblichkeitspara-digmen in der Psychoanalyse*），见卡罗拉·布雷德（Karola Brede）编：《我内心的女性想要如何》（*Was will das Weib in mir*），弗赖堡，1989；

珊德拉·斯卡尔（Sandra Scarr）：《当母亲工作时：如何结合孩子与工作》（*Wenn Mütter arbeiten. Wie Kinder und Beruf sich verbinden lassen*），慕尼黑，1987 年；

马丁·E.P. 赛里格曼（Martin E. P. Seligman）：《学会无助》（*Erlernte Hilflosigkeit*），斯图加特，1979；

黑尔姆·斯特林（Helm Sterlin）、米歇尔·维尔申（Michael Wirsching）、英格伯格·鲁克尔－恩布登（Ingeborg Rücker-Embden）、诺贝特·维策尔（Norbert Wetzel）：《初次采访中的"问题家庭"》（*„Problemfamilien" im Erstinterview*），参见黑尔姆·斯特林、约瑟夫·杜斯－冯·韦特（Josef Duss-von Werdt）编：《家庭动力（第三卷）》（*Familiendynamik, Heft 3*），斯图加特，1977 年。